**Representations
& Warranties
no Direito Brasileiro**

Representations & Warranties no Direito Brasileiro

2014

Evandro Fernandes de Pontes

**REPRESENTATIONS & WARRANTIES
NO DIREITO BRASILEIRO**
© ALMEDINA, 2014

AUTOR: Evandro Fernandes de Pontes
DIAGRAMAÇÃO: Edições Almedina, SA
DESIGN DE CAPA: FBA
ISBN: 978-856-31-8257-9

Dados Internacionais de Catalogação na Publicação (CIP)
(Câmara Brasileira do Livro, SP, Brasil)

Pontes, Evandro de
Representations & warranties no direito
brasileiro / Evandro de Pontes. – 1. ed. –
São Paulo : Almedina, 2014.
ISBN 978-85-63182-57-9
1. Alienação (Direito) – Brasil 2. Cláusulas
(Direito) – Brasil 3. Contratos – Brasil
4. Controle societário 5. Efetividade I. Título.

14-02737   CDU-347.7(81)

Índices para catálogo sistemático:
1. Brasil : Representations & warranties no direito
brasileiro : Direito comercial 347.7(81)

Este livro segue as regras do novo Acordo Ortográfico da Língua Portuguesa (1990).

Todos os direitos reservados. Nenhuma parte deste livro, protegido por copyright, pode ser reproduzida, armazenada ou transmitida de alguma forma ou por algum meio, seja eletrônico ou mecânico, inclusive fotocópia, gravação ou qualquer sistema de armazenagem de informações, sem a permissão expressa e por escrito da editora.

Maio, 2014

EDITORA: Almedina Brasil
Rua Maria Paula, 122, Cj. 207/209 | Bela Vista | 01319-000 São Paulo | Brasil
editora@almedina.com.br

www.almedina.com.br

PREFÁCIO

Dizem que um dos sinais de envelhecimento aparece quando começamos a sentir orgulho de outras pessoas. Juntamente com o sentimento de honra desde o convite que recebemos para prefaciar esta interessante e inovadora obra, orgulha-nos acompanhar de perto a carreira do Professor Evandro Fernandes de Pontes, amigo e colega de tantos anos e membro do nosso "timaço" de docentes do Insper Direito. Sobram elogios a este segundo livro do Dr. Evandro[1], todos muito merecidos.

Com sua maneira própria de escrever, ora com linguagem técnica e rebuscada, ora com metáforas e provocações, o autor concilia habilmente sua experiência prática, como advogado na área societária, com discussões teóricas profundas e pertinentes. Seu tema, muito bem definido, poderia se resumir à proteção da confiança nos instrumentos de alienação de controle, em especial nas chamadas "cláusulas enunciativas". O autor se pergunta desde logo: quão efetivas são as cláusulas *representations and warranties*, tão corriqueiras nesses instrumentos?

Para desenvolver seu tema, o Professor Evandro tece seus argumentos dotando-os de inter (diferentes ramos do Direito) e multidisciplinaridade (diferentes ciências sociais), apresentando uma profunda pesquisa doutrinária junto a obras clássicas e modernas, brasileiras e estrangeiras. Ricas são suas notas de rodapé com diversos comentários pessoais, florescendo sua veia acadêmica (e de excelente docente que é) em querer,

---

[1] O primeiro, fruto da dissertação de mestrado do autor junto à Faculdade de Direito da Universidade de São Paulo, sob a orientação do querido Professor Erasmo Valladão Azevedo Novaes e França, foi publicado em edição anterior da Coleção Insper Almedina, no ano de 2012, intitulado "O Conselho Fiscal nas Companhias Abertas Brasileiras".

não só se aprofundar em cada tópico, como também se preocupar com eventual aprofundamento que um leitor mais interessado possa querer perseguir.

Outro mérito do trabalho é funcionar como um verdadeiro "guia" para a redação dessas cláusulas, trazendo seu contexto, seus principais termos, bem como preocupações práticas que possam surgir durante a sua negociação e elaboração pelas partes envolvidas. Sem o tradicional receio de dar o "pulo do gato" que encontramos em obras de Direito Societário, o Professor Evandro abre essa "caixa preta", trazendo sugestões para situações comuns que ocorrem nesse ambiente normalmente eivado de confidencialidade. É com essa generosidade que o autor percorre os capítulos desta obra.

Por fim, deixamos registrados nossos parabéns à Editora Almedina Brasil por apostar nesta obra de tamanha envergadura e audácia. Sorte de todos os leitores que poderão saborear um texto agradável do começo ao fim. Com a mesma efetividade que uma cláusula enunciativa em um instrumento de alienação de controle deve ter, temos certeza de que as próximas páginas serão interessantes, instrutivas e de muita valia.

André Antunes Soares de Camargo
Coordenador Geral e Professor do Insper Direito,
do Insper Instituto de Ensino e Pesquisa.
Doutor em Direito Comercial pela Faculdade de Direito
da Universidade de São Paulo.
Professor da Faculdade de Direito
da Universidade Presbiteriana Mackenzie/SP
Advogado em São Paulo

APRESENTAÇÃO

Tamanha responsabilidade me foi conferida: apresentar o trabalho de meu mestre.

Temos dividido experiências acadêmicas desde minha entrada no mestrado no Largo São Francisco, ocasião em que conheci o Evandro *doutorando*. Mais recentemente, nas incríveis oportunidades por ele concedidas de assisti-lo como professor convidado no curso de pós-graduação do Insper, conheci o Evandro *professor*. Em outros momentos, como esse, suas ricas e peculiares publicações nos apresentam o Evandro *autor*. Destaque para sua memorável dissertação de mestrado sobre Conselho Fiscal, também publicada por esta editora, que o coloca sem qualquer dúvida como um dos maiores entendedores do assunto deste país.

Embora nesta oportunidade estejamos mais uma vez falando do Evandro *autor*, a construção deste trabalho em específico só foi possível porque antes dos predicados acima existe um Evandro *advogado*. E que advogado! Utilizou sua bagagem de quase 20 anos – da qual desfrutei por gloriosos anos de Itaú e TozziniFreire em que me ensinou a arte do *M&A* – de advocacia para explorar *academicamente* um tema notoriamente *prático*.

Consolidou num único trabalho a escassa doutrina sobre operações de *M&A* existentes e foi além porque não se limitou, como boa parte daqueles que se atrevem a escrever sobre o assunto, a descrever e importar conceitos estrangeiros.

Pelo contrário, sua maior contribuição foi justamente a de demonstrar que o embasamento de uma disputa entre partes de um contrato de compra e venda de ações não está apenas circunscrito nos limites do contrato ou em institutos estrangeiros de exequibilidade discutíveis.

Esta obra trata da tutela da confiança e boa-fé nos contratos de compra e venda de ações e reforça a importância do nosso bom e velho Código Civil como ferramenta de solução de disputas em tais contratos. Quantos advogados de *M&A* conhecem o instituto brasileiro equivalente das *representations and warranties*?

Evandro lembra-nos de que o Código Civil (e também o Código de 1916) trata das declarações enunciativas (art. 219), *i.e.*, aquelas constantes de documentos assinados que se presumem verdadeiras em relação aos signatários. O parágrafo único de referido artigo chega a diferenciar o exercício probatório necessário para comprovar um fato relacionado a uma declaração a partir de sua relevância, de forma que somente aquelas relacionadas a disposições principais ou de legitimidade das partes dispensariam prova de sua veracidade.

Também neste sentido, a doutrina do erro e do dolo constante dos artigos 138 e 145 e seguintes do Código Civil, por exemplo, pode e deve ser utilizada para anular o negócio jurídico formado a partir de uma vontade viciada, como é o caso de contingências não razoavelmente identificáveis à época dos trabalhos de *due diligence*.

Ademais, diante de uma situação de infração a uma declaração enunciativa ou da verificação de um erro ou dolo (ainda que acidental) em um contrato de compra e venda de ações, haveria, por decorrência, a possibilidade de também utilizar o Código Civil para fundamentar um pedido de indenização por perdas e danos (art. 182 e 186).

É o tipo de ensinamento que chega a parecer óbvio, porém somente depois de sua leitura. A escassez de doutrina, jurisprudência e de contratos de compra e venda de ações escritos neste sentido demonstram o quanto nossa própria legislação é pouco explorada.

Por isso tudo, esta obra qualifica-se como leitura essencial aos operadores de *M&A*, que passarão a escrever e interpretar os contratos de outra maneira, em especial com muito mais proximidade àquilo que deveria nos ser familiar, o Código Civil.

Boa leitura!

São Paulo, março de 2014

THIAGO JOSÉ DA SILVA
Mestrando em Direito Comercial pela Faculdade
de Direito da Universidade de São Paulo
Advogado em São Paulo

1. Breve introdução

Este trabalho tem natureza multidisciplinar: contém elementos de direito romano, direito civil, direito comercial, direito societário, com uma pitada de mercado de capitais. Contém também elementos não jurídicos de história, semiologia, filosofia e retórica. Se propõe, em última instância e apesar das intervenções não jurídicas, a investigar o mérito jurídico e a efetividade, perante o direito brasileiro, das chamadas cláusulas de declarações e "garantias", cada vez mais presentes e atuantes em instrumentos contratuais no Brasil, sobretudo nos instrumentos de alienação de controle societário.

Certo consenso entre advogados e juristas estabelece que a técnica que opera a determinação de responsabilidades por intermédio dos mecanismos indenizatórios ou denunciativos das cláusulas de declarações e "garantias" seria uma importação decorrente do contato estreito, nas últimas decadas, com empreendedores, empresários e advogados estado-unidenses.

Em negócios que envolvem o desembolso por parte de empreendedores estrangeiros[2], é comum notar as seguintes exigências: (i) elaboração de instrumentos em língua inglesa; (ii) adoção de legislação que comporte técnica de divisão de responsabilidades baseadas em cláusulas

---

[2] Os negócios mais comuns em que essas exigências ocorrem são nas operações de alienação de controle, conhecidas pelo jargão classificatório de *operações de fusão e aquisição* (do inglês *mergers and aquisitions* ou *M&A*), e em operações de financiamento de projetos (do inglês *project finance*).

enunciativas; e (iii) eleição de jurisdição em foro habituado com essa forma jurídica ou, alternativamente, a arbitragem.

Os receios que afastam a língua, a legislação e a magistratura brasileira, além de proverem maior conforto para quem não domina as particularidades da latinidade brasileira e as superveniências de uma cultura jurídica bastante peculiar como a nossa, decorrem de suposta insegurança jurídica que o sistema brasileiro apresentaria, por força da alegada inadaptabilidade de previsões expressas que visem assegurar a efetividade e o funcionamento de cláusulas enunciativas, sobretudo para fins de delimitação e partilha de responsabilidades.[3]

O questionamento que ora se propõe reside exatamente na investigação da: (i) precisão da alegação de que as cláusulas enunciativas são importações jurídicas; (ii) precisão da alegação de falta de correspondência, no sistema jurídico brasileiro, de mecanismos semelhantes; (iii) efetividade das cláusulas representativas diante do sistema jurídico brasileiro.

O foco estará, para fins deste trabalho, voltado para as cláusulas enunciativas inseridas em instrumentos de alienação de controle, não apenas por força da tipicidade alcançada pelos negócios que envolvem a transferência inter-subjetiva de controle empresarial, decorrente da própria natureza jurídica de controle, mas também e sobretudo pela crescente relevância e interesse que esses negócios atingiram em nosso sistema jurídico e econômico ao longo dos últimos quarenta anos.

A profusão, nos últimos vinte anos em especial, de estudos pontuais no direito brasileiro sobre o tema da alienação de controle[4-5] atesta, com

---

[3] Calixto SALOMÃO FILHO, em uma de suas glosas à obra de Fábio Konder COMPARATO (*O poder de controle na sociedade anônima*, 5ª ed.. Rio de Janeiro: Forense, 2008; nota 54, pp. 279-280), ao discutir sobre os problemas atinentes às *escrow accounts*, fez crítica pesada às transposições culturais de formas jurídicas de outro sistema de direito para o nosso, que não se encaixam às funções pretendidas nos contratos e que, facilmente, podem ser estendidas a questões sobre as cláusulas enunciativas: "As expectativas de direito dos interessados não são apaziguadas por meros créditos contratuais. Sobretudo quando as estruturas contratuais têm por base modelos estrangeiros que pouco se adaptam ao ordenamento pátrio" (p. 280). É de se ressaltar, entretanto, que ao discorrer sobre as cláusulas de "declarações e garantias" (nota 53, pp. 275-278, esp. p. 277-278), SALOMÃO FILHO não lança a mesma desconfiança direta feita aos modelos de garantia das *escrow accounts*, *trust accounts* ou *trustee services*, oferecidas por instituições financeiras no Brasil.

[4] PEREIRA, Guilherme Cunha. *Alienação do Poder de Controle Acionário*. São Paulo: Saraiva, 1995;

PONTES DE MIRANDA, Francisco Cavalcanti. "Parecer 201 – Sobre compra-e-venda de ações de banco e responsabilidade contratualmente assumida, em termos explícitos e restritos, pelo vendedor e atos ilícitos de outrem", *In Dez Anos de Pareceres*, vol. 8. Rio de Janeiro: Francisco Alves, 1976; pp. 34-47;

ABLA, Maristela Sabbag. "Sucessão Empresarial – Declarações e Garantias – O Papel da *Legal Due Diligence*", *In Reorganização Societária* (orgs.: Rodrigo R. Monteiro de Castro & Leandro Santos de Aragão). São Paulo: Quartier Latin, 2005; pp. 99-121;

ARAGÃO, Leandro Santos de. "Dever de Informar e Operações de Reorganização Societária – procedimento preparatório e as informações assimétricas", *In Reorganização Societária* (orgs.: Rodrigo R. Monteiro de Castro & Leandro Santos de Aragão). São Paulo: Quartier Latin, 2005; pp. 52-97;

FRANÇA, Erasmo Valladão Azevedo e Novaes. "Alteração de Controle Direito e Indireto de Companhia", *In Poder de Controle e Outros Temas de Direito Societário e Mercado de Capitais* (orgs.: Rodrigo R. Monteiro de Castro & Luís André N. de Moura Azevedo). São Paulo: Quartier Latin, 2010; pp. 264-284;

SADDI, Jairo (org.). *Fusões e aquisições: aspectos jurídicos e econômicos.* São Paulo: IOB/Thomson, 2002;

SIQUEIRA, Carlos Augusto Junqueira. *Transferência do Controle Acionário: interpretação e valor.* Niterói: FMF, 2004;

TAVARES GUERREIRO, José Alexandre. "Alienação de controle de companhia aberta: o papel das instituições financeiras" – RDM 30/115;

AMARAL, Paulo Afonso de Sampaio. "A compra do controle de uma sociedade mercantil por uma companhia aberta" – RDM 33/41;

MOTTA, Nelson Cândido. "Alienação de controle de instituições financeiras. Acionistas minoritários. Notas para uma interpretação sistemática da Lei das S/A" – RDM 46/33 e "Alienação do poder de controle compartilhado" – RDM 89/42;

EIZIRIK, Nelson Lars. "Propriedade e controle na companhia aberta – uma análise teórica" – RDM 54/90;

CANTIDIANO, Luiz Leonardo. "Alienação e aquisição de controle" – RDM 59/56; Mauro Delphim de MORAES. "Banco Comercial – Cessão de controle acionário – Incorporação – Apelação Cível nº 58.983-1 – Tribunal de Justiça do Estado de São Paulo – 4ª Câmara Cível – j.: 27.6.1985, rel. Des. Freitas Camargo" – RDM 61/63;

PENTEADO, Mauro Rodrigues. "Apontamentos sobre a alienação do controle de companhias abertas" – RDM 76/15;

FERNANDES, Wanderley. "Formação de contrato preliminar susceptível de adjudicação compulsória" – RDM 80/76;

MUNIZ, Joaquim de Paiva. "Poder de Controle. Conflito de Interesses e proteção aos minoritários e *stakeholders*" – RDB 28/70;

ALVES, Sérgio Darcy da Silva. "Avaliações de fusões de bancos" – RDB 19/13;

FONSECA, Paulo Sérgio Augusto da. "A transferência do controle acionário e a jurisprudência do conselho de recursos do sistema financeiro nacional" – RDB 22/78;

MORAES, Luiza Rangel de. "O abuso de poder na transferência de controle acionário" – RDB 24/54;

força, essa relevância e a consequente necessidade de manutenção do debate sobre o tema, que tem evoluído constantemente em suas formas, tanto negociais quanto jurídicas.

E dessa evolução prática[6], que está invariavelmente ligada a crescentes estudos sobre novas técnicas de avaliação de empresas (*valua-*

WALD, Arnoldo & MORAES, Luiza Rangel de. "Alguns aspectos do controle e da gestão de companhias no projeto de reforma da Lei das Sociedades por Ações" – RDB – 8/13.
Observação: para os fins deste texto, a *Revista de Direito Mercantil, Industrial, Econômico e Financeiro*, editada até o volume 104 (Ano XXXV, outubro-dezembro de 1996) pela editora Revista dos Tribunais e, a partir do volume 105 (Ano XXXVI – Nova Série, janeiro-março de 1997), pela editora Malheiros, será abreviada pela sigla "RDM". Os textos serão citados indicando o volume e a página no formato "RDM volume/página". O mesmo critério é adotado para a *Revista dos Tribunais*, abreviada para "RT" e citados os textos no formato "RT volume/página", bem como para a *Revista de Direito Bancário e Mercado de Capitais*, abreviada para "RDB" e citados os textos no formato "RDB volume/página".

[5] Em um universo mais amplo, a importância do tema que envolve as *fusões e aquisições* é ressaltada por WIEDENBAUM, Murray L. & JENSEN, Mark, na Introdução que escreveram para recente edição da clássica obra de BERLE & MEANS ("Introduction to the Transaction Edition", *In* BERLE, Adolf Augustus & MEANS, Gardiner Coit. *The modern corporation and private property*, 4ª reimpressão. New Brunswick: Transaction, 2002; p. *xi*) nestes termos: "*Mergers and acquisitions continue to be an important force in maintaining a dynamic economy. In 1989 alone, thirty-five giant mergers occurred with an aggregate value of over $117 billion (see Table 1). At times, changes in control, or even threats of hostile takeovers, may serve to increase the efficiency and profitability of individual firms*" ("Fusões e aquisições ainda têm papel importante na manutenção do dinamismo de uma economia. Tendo o ano de 1989 por base, exclusivamente, trinta e cinco aquisições gigantescas ocorreram em um valor agregado que supera US$ 117 bilhões (veja o Quadro 1). Atualmente, mudanças de controle ou mesmo ameaças de 'aquisições hostis' podem se prestar para aumentar a eficiência e a lucratividade de firmas individuais" – traduzimos livremente). Nesse universo, o chamado "mercado de fusões e aquisições" tem se tornado um frequente termômetro de medição do crescimento de determinadas economias capitalistas pós-modernas.

[6] Os negócios envolvendo *fusões e aquisições*, para muitos, parecem ser assunto da modernidade. Entretanto, ao contrário, para engano de quem nutre essa crença, os negócios de fusão e aquisição são mais do que milenares. Se atentarmos que a origem das modernas *corporations* advém, diretamente, dos municípios e centros de exploração comercial e colonial (vide KENT, James. *Commentaries on American Law*, vol. 2. Nova Iorque: O. Halstead, 1826; pp. 270-271), que nada mais são do que modelos plasmados no padrão das cidades--estado gregas, teremos grata surpresa com as constatações da fortuna legal da antiguidade em matéria de *acordos de unificação* ou *acordos de fusão das cidades-estado*, os chamados συμπολιτεία [*sympoliteía*]. Há uma versão integral traduzida para o português do acordo de unificação entre Estira e Medéon, datada de 175 ou 135 a.C., em ARNAOUTOGLOU, Ilias. *Leis da Grécia Antiga* (trad. Ordep Trindade Serra & Rosiléia Pizarro Carnelós). São Paulo: Odysseus, 2003; pp. 150-152.

1. BREVE INTRODUÇÃO

tion)[7], decorrem aprofundamentos sensíveis nas formas das cláusulas enunciativas, que demandam de advogados e juristas frequentes questionamentos a respeito da efetividade jurídica de tais sofisticações.

Tomando por base contratos de alienação de controle celebrados nas décadas de 1960 e 1970, comparados com instrumentos e procedimentos negociais de alienação de controle dos últimos cinco anos, nota-se, com bastante saliência, o alto grau de sofisticação retórica e linguística na elaboração de cláusulas enunciativas, que nada mais refletem do que uma série de problemas herdados de experiências comuns não tão remotas em tema de sucessão empresarial e partilha de prejuízos supervenientes, ocultos ou decorrentes de ativos sub-avaliados.

A intenção deste trabalho é poder acompanhar, com o nosso manancial jurídico brasileiro (na medida do possível), as sofisticações que se têm visto no dia-a-dia da redação de instrumentos de alienação de controle, sem que se despreze a capacidade de nosso sistema, e, sobretudo, sem que se percam os negócios.

---

[7] Sobre técnicas de avaliação de empresas quando uma decisão de investimento está atrelada a uma decisão de financiamento, problema este constante nas aquisições de controle, vide BREALEY, Richard A. & MYERS, Stuart C. *Principles of Corporate Finance*, 7ª ed.. Burr Ridge: Irwin & McGraw-Hill, 2003; pp. 522-559. Vide, também, POVOA, Alexandre. *Valuation – como precificar ações*. São Paulo: Globo, 2004. Sobre avaliação de instituições financeiras, vide o interessante texto de ALVES, Sérgio Darcy da Silva. "Avaliações de fusões de bancos" – RDB 19/13. Sobre os procedimentos de avaliação em alienações de controle, vide abaixo os textos referentes às Notas 59 a 65 deste trabalho, bem como a interessante glosa de SALOMÃO FILHO na "Nota de Texto 52" (COMPARATO & SALOMÃO FILHO. Op. cit., Idem; pp. 269-275, além do respectivo texto de COMPARATO, no § 82).

2. Aspectos Gerais

2.1. Questões terminológicas: representações, declarações, "garantias", alienação de controle, cessão de controle e cessão da organização empresarial

Antes de adentrar propriamente no desenvolvimento do tema, cabe, de antemão, convencionar com o leitor a terminologia empregada neste trabalho e em seu título.

As cláusulas que serão objeto de estudo neste trabalho serão tratadas, como logo se verá, por *cláusulas representativas* ou *cláusulas enunciativas*. As cláusulas enunciativas correspondem, no jargão, às cláusulas de "representações e garantias" ou "declarações e garantias". O emprego desse termo advém de uma tradução direta do inglês *"representations and warranties"*. Apesar das chamadas cláusulas de "representação e garantia", para fins técnicos, poderem comportar, por razões de cunho morfo--semântico associadas à evolução funcional dos termos, o emprego técnico do termo *representação* bem como do termo *garantia*, recomenda-se aqui uma distinção. Por mais óbvio que isso possa parecer, uma elementar provável confusão com outro contrato que envolve a *representação*, em direito brasileiro, bem como as acepções técnicas próprias decorrentes da interpretação da Lei das Sociedades por Ações e do Código Civil; a compreensão do termo *garantia*, envolvida com o Código Civil e os direitos reais, bem como o Código de Defesa do Consumidor[8]; além do uso e

---

[8] Sobre as possíveis e aceitáveis conotações técnicas do termo *garantia*, vejam-se as precisas e percucientes observações de MARTINS-COSTA, Judith (*A Boa-Fé no Direito Privado: sistema*

opção expressa de nossa lei pelo termo *cláusula enunciativa*, recomendam o emprego do último, sem prejuízo dos usos que melhor se adequarem à mais clara compreensão de termos convencionados.[9] Portanto, para fins deste trabalho, optaremos, então, pelo termo *cláusulas representativas* ou *declarações enunciativas*, já consagrados na doutrina[10] e na lei (artigo 219 do Código Civil).[11]

Para a operação que visa transferir o poder controle de uma empresa de uma pessoa ou grupo de pessoas para outra pessoa ou grupo de pessoas, adota-se o conceito previsto na lei: *alienação de controle*. Aceita-se, igualmente, embora não venham aqui a ser empregados, o termo *cessão de controle*, consagrado por COMPARATO em seus estudos[12], bem como por Guilherme Döring Cunha PEREIRA[13]. Por força de diferenças já apontadas na doutrina, o termo *cessão da organização empresarial* não deve ser entendido, aqui, como sinônimo de alienação de controle, embora,

---

e tópica no processo obrigacional. São Paulo: RT, 1999; pp. 310-311), sobretudo às atinentes aos segundos e terceiros níveis de extensão (ou restrição) técnico-semântica do termo, *vis-à--vis* a terminologia técnica própria do direito das obrigações, que é exatamente a hipótese aqui tratada. Vale notar, entretanto, que essas *garantias* de que fala a lei consumeirista são exatamente de mesma natureza que as cláusulas enunciativas, como logo se verá abaixo, ao se estudar a origem histórica dos enunciados contratuais e das cláusulas enunciativas ou representativas.

[9] Um dos papéis do advogado e do jurista é preservar o seu próprio vocabulário técnico, por se tratar, justamente, de sua ferramenta de trabalho. Alguém que maltrata a sua ferramenta de trabalho pode sofrer, em momento posterior, com a imprecisão da ferramenta. Sobre isso, nos lembra PONTES DE MIRANDA, Francisco Cavalcanti, no Prefácio de seu *Tratado de Direito Privado* (Tomo 1, 3ª ed.. Rio de Janeiro: Borsoi, 1972; p. XXIV): "A falta de *precisão* de conceitos e de enunciados é o maior mal na justiça, que é obrigada a aplicar o direito, e dos escritores de direito, que não são obrigados a aplicá-lo, pois deliberam êles-mesmos escrever".

[10] BETTI, Emilio. *Teoria Generale del Negozio Giuridico*, 1ª reimpressão. Napoli: Edizione Scientifiche·Italiane, 2002; pp. 148-154, ao que BETTI chama no original de *dichiarazioni enunziative (meramente rappresentative).*

[11] Vale lembrar, entretanto, que é muitíssimo comum em doutrina encontrarmos os termos "representação" e "garantia" como sinônimos de *cláusulas enunciativas, cláusulas representativas* e *enunciados de fato.*

[12] Vide COMPARATO & SALOMÃO FILHO. *O poder de controle ...*, Idem; pp. 261 e segs. Veja, também, de COMPARATO, F.K.. "A cessão de controle acionário é negócio mercantil?" (RDM 37/113) e "Reflexões sobre as promessas de cessão de controle acionário" (RDM 32/77).

[13] PEREIRA, G.D.C. Op. cit.; pp. 74-77.

2. ASPECTOS GERAIS

em muitos casos, o efeito prático de ambos instrumentos resulte em um mesmo produto final[14].

Embora as nuances que justifiquem o emprego terminológico de *cessão de controle* para aqueles efeitos jurídicos decorrentes de um contrato de compra e venda de ações que garanta o exercício do poder previsto no artigo 116 da Lei nº 6.404/76,[15] o emprego do termo *alienação de controle*, além de sua reputação na doutrina, recebe também o devido respaldo legal.[16] Assim, adotamos aqui a terminologia de *alienação de controle*

---

[14] SALOMÃO FILHO, Calixto. Jurisprudência Comentada: "Liquidação de sentença por cálculo – Matéria de prova – Compra de Controle Acionário em Sociedade dependente de autorização – REsp nº 34.834-PR – STJ – 3ª Turma; j. 14.9.1993; rel. Min. Waldemar Zveiter" (RDM 96/91). SALOMÃO FILHO, em uma de suas glosas ao texto de COMPARATO (mais especificamente a "Nota 52", pp. 269-271), retorna nesse assunto comentando novamente essa decisão, mas no contexto da obra de COMPARATO. Nas páginas 98 e 99 SALOMÃO FILHO disserta sobre as diferenças legais e conceituais entre "cessão da organização empresarial" e "cessão de controle", na acepção tomada por COMPARATO nos termos da nota acima. Veja-se também, COMPARATO, F.K. & SALOMÃO FILHO, C. (*O poder de controle...*, Idem), p. 313.

[15] Ressalvadas, nesse caso, as diferenças existentes para outras espécies de transferência de um fundo patrimonial que assegure os mesmos efeitos práticos decorrentes da transferência do poder de controle, como a *cessão da organização empresarial*, o trespasse de estabelecimento, a cessão de estabelecimento comercial ou a chamada "cessão de carteira" – representada por uma cessão de posições contratuais ou cessões de crédito. Sobre a chamada cessão ou alienação de "acervo patrimonial" como forma de alienação de controle sem transferência de ações, vide o já citado texto de MORAES, Luiza Rangel de. "O abuso de poder na transferência de controle acionário" – (RDB 24, nas pp. 72 e 73), com citação de trechos valiosos e interessantes de parecer da lavra do Prof. COMPARATO.

[16] No que se refere às outras categorias previstas em negócios semelhantes, a opção pela aquisição do controle ou por outras formas de transferência de fundos patrimonais pode oscilar conforme as peculiaridades do caso, que marcadamente focam sua justificação em aspectos trabalhistas e fiscais (neste particular, vide o notável trabalho de MORAES, Mauro Delphim de. "A sucessão nas obrigações aziendais no direito brasileiro" – RDM 32/17), bem como em aspectos regulatórios de alta relevância e que são geralmente muito preocupantes em alienação de controle de instituições financeiras (sobre este tema, vide o brilhante trabalho já citado de Paulo Sérgio Augusto da FONSECA [RDB – 22/78], em que o autor, com base em excelente manancial de dados práticos advindos de casos recentes, analisa a questão da extinção da punibilidade em sanções administrativas aplicadas a instituições financeiras pelo Conselho de Recursos do Sistema Financeiro Nacional, após a transferência de controle, segundo práticas de decisão do próprio Conselho, em oposição às práticas de decisão da Comissão de Valores Mobiliários).

Contudo, para qualquer operação jurídica que vise os resultados acima mencionados, no instrumento em que essa cessão se opera, seja um contrato de venda e compra de ações, seja um instrumento de cessão de direitos, créditos ou de cessão de posições contratuais, a para uma espécie determinada do gênero *cessão de controle*. A cessão do controle, embora possa comportar muitos instrumentos e mecanismos que envolvam outros conceitos e qualificações jurídicas[17], não se confundiria, nesse passo, com a *alienação de controle* em específico (ou *alienação de controle stricto sensu*), tratada na Lei n° 6.404/76 no artigo 254-A, §1°, conforme redação dada pela Lei n° 10.303/01.[18]

2.2. O controle como objeto de negócio jurídico

Não é tarefa deste trabalho discutir o conceito de controle ou abordar as suas características. Fia-se, aqui, na exaustiva e brilhante pesquisa

---

presença dos mecanismos baseados em cláusulas representativas é comum à todos eles, por força dos problemas de sucessão empresarial (Sobre as características das sucessões empresariais *stricto senso*, vide COMPARATO, Fábio Konder. "Sucessões Empresariais" [RT 747/793]). Pode ainda decorrer de eventual necessidade de capitalização da empresa adquirida pelo novo controlador, para que se possa fazer frente a eventuais contingências surgidas no interregno da sucessão de controladores. Sobre esse último dado, o Prof. Samuel C. THOMPSON JUNIOR (*Business Planning for Mergers and Acquisitions*, 2ª ed.. Durham: Carolina Academic Press, 2001; p. 776) adverte: "*The representations of the purchaser and seller will generally be the same without regard to whether the transaction is effectuated as a merger, a stock acquisition or an asset acquisition. However, a merger or asset acquisition will generally include only representations of the acquiring corporation and target, whereas a stock acquisition will also include representations and warranties of the selling shareholders. In the acquisition of the assets of a closely-held target corporation, the shareholders of the target may also be parties to the transaction and, therefore, may be required to make certain representations and warranties*" ("As declarações do comprador e do vendedor serão geralmente as mesmas, sem consideração ao fato da operação se dar por meio de uma fusão, uma incorporação, uma aquisição de ações ou quotas ou a aquisição de ativos. Contudo, uma fusão, uma incorporação ou uma aquisição de ações geralmente incluirão declarações enunciativas dos acionistas vendedores. Na aquisição de ativos de uma companhia fechada ou de uma limitada, os acionistas da empresa-alvo adquirida podem tomar parte na operação e, desta forma, serem demandados a proverem certas declarações enunciativas" – traduzimos livremente). Vide também KLING, Lou & NUGENT-SIMON, Eileen. *NEGOTIATED ACQUISITIONS OF COMPANIES, SUBSIDIARIES, AND DIVISIONS*. Nova Iorque: Law Journal Seminars Press, 1995; e FREUND, James C. *ANATOMY OF A MERGER: STRATEGIES AND TECHNIQUES FOR NEGOTIATING CORPORATE ACQUISITIONS*. Nova Iorque: Law Journal Press, 1975.

[17] Vide PEREIRA, G.D.C.. Op. cit.; pp.65-74.

[18] "Entende-se como alienação de controle a transferência, de forma direta ou indireta, de ações integrantes do bloco de controle, de ações vinculadas a acordos de acionistas e de valores mobiliários conversíveis em ações com direito a voto, cessão de direitos de subscrição de ações e de outros títulos ou direitos relativos a valores mobiliários conversíveis em ações que venham a resultar na alienação de controle acionário da sociedade".

2. ASPECTOS GERAIS

que outros juristas já empreenderam na edificação dos conceitos[19] bem como na apurada e minuciosa revisão[20], tendo como eixo central a descrição dos deveres do acionista controlador inserida nos artigos 116 e 116-A da Lei nº 6.404/76.

Tendo em mente o conceito de controle proposto por COMPARATO e recentemente reformulado por brilhante proposta de SECCHI MUNHOZ[21], visto como um poder, investido em um órgão ou cargo (o controlador)[22] exercido dentro de um conglomerado[23], seguiremos na análise a partir desse conceito firmado e geralmente aceito.

Nesse contexto, o cargo de controlador, de onde se exerce o poder de controle, nos importa, para fins de identificação e delimitação de uma operação de alienação de controle, em sua qualificação jurídica como *controle interno*, como propôs COMPARATO. Para atingir esse conceito, COMPARATO & SALOMÃO FILHO refutam[24] a consideração, tal qual exposta por Rubens REQUIÃO, de que o controle seria um bem imaterial ou incorpóreo[25]: "Não nos parece", afirmam COMPARATO & SALOMÃO FILHO, "que o problema [da qualificação jurídica do controle] esteja resolvido com a redução do controle à categoria dos bens jurídicos, ou objetos de direito".[26]

---

[19] Refiro-me à já citada obra de BERLE & MEANS, para o conceito de controle no direito estado-unidense; e à primeira edição do marco doutrinário de COMPARATO, *O poder de controle na sociedade anônima*, de 1976, para o conceito de controle em nosso direito.

[20] Refiro-me, basicamente, à cuidadosa revisão empreendida por SALOMÃO FILHO, na quarta edição da obra *O poder de controle na sociedade anônima* de COMPARATO, de 2005; bem como na obra de MUNHOZ, Eduardo Secchi. *Empresa contemporânea e direito societário: poder de controle e grupos de sociedades*. São Paulo: Juarez de Oliveira, 2002.

[21] MUNHOZ, Eduardo Secchi. *Empresa contemporânea e direito societário: poder de controle e grupos de sociedades*. São Paulo: Juarez de Oliveira, 2002.

[22] COMPARATO, F. K. & SALOMÃO FILHO, C.. *O poder de controle na sociedade anônima*, 4ª ed.. Cit.; pp. 134-144. COMPARATO, em outro momento de sua obra ("Alienação de controle de companhia aberta", *In Direito Empresarial*. São Paulo: Saraiva, 1990; pp. 76 a 78), em parecer notável sobre o tema, chega a mencionar que a regulação da transferência de controle, quando concebido como *res in commercio*, face à sofisticação do desenvolvimento das estruturas capitalistas pós-modernas, permitiu constituir um "verdadeiro mercado de poder", qual seja "um espaço econômico em que o poder empresarial se troca e se vende, ou seja, é objeto de entrecruzamento de ofertas e demandas" (p.76).

[23] MUNHOZ, E. S. Op. cit., Idem, pp. 221 e segs.

[24] Op. cit.; pp.113-120.

[25] Vide "Controle e a proteção dos acionistas" (RDM 15-16/23).

[26] Op. cit.; p.119.

De fato, a redução do controle à categoria dos bens jurídicos ou objetos de direito não lhe apanha em sua precisa qualificação. Entretanto, a qualificação como "poder investido em órgão societário" não lhe retira a hipótese de que, mesmo dentro dessa concepção, possa o controle ser entendido como objeto de direito, como bem jurídico ou mesmo como *objeto de negócio jurídico.*

A possibilidade de uma quantificação econômica, de uma inquestionável titularidade para exercício e, sobretudo, a viabilidade de sua alienação para terceiros não lhe retira o aspecto real que pode advir do controle, assim como a sua associação ao conceito de "bem jurídico". COMPARATO & SALOMÃO FILHO, ao tratarem do tema das *cessões de controle*[27], não retornam à investigação do conceito de controle como "objeto de direito", mas transparecem que, dentro do conceito proposto, não haveria óbice para tratar o controle como o objeto de uma relação jurídica ou de um negócio jurídico oneroso.[28]

---

[27] Op. cit.; pp. 240-315.

[28] Vide o texto do § 83, nas pp. 280-281. Do mesmo COMPARATO, ressalte-se passagem de notável parecer ("Função do valor nominal das ações de companhias. Especificidade e importância do poder de controle na avaliação de ações", *In Ensaios e Pareceres de Direito Empresarial.* Rio de Janeiro: Forense, 1978): "Estamos, portanto, muito longe dos direitos patrimoniais clássicos do acionista, consistentes na participação nos lucros e no acervo social líquido. Distintamente dessa situação de mera fruição, o controle societário encontra, no mercado, um valor próprio e não desprezível" (p.105). Por outro lado, vale lembrar que a precisão terminológica de COMPARATO & SALOMÃO FILHO levou-nos à advertência contida em no *Poder de Controle...*, de que sendo o controle um *poder*, inserir-se-ia, tecnicamente o poder na categoria dos *poderes-funções.* Nesse sentido, opondo os *poderes-funções* (na feliz acepção muito posteriormente estudada por EROS ROBERTO GRAU [n'*A Ordem Econômica na Constituição de 1988 – interpretação e crítica,* 4ª ed.. São Paulo: Malheiros, 1998, bem como no *Direito Posto e Direito Pressuposto,* 3ª ed.. São Paulo: Malheiros, 2000]) aos *direitos subjetivos,* COMPARATO & SALOMÃO FILHO esclarecem que o controle se aproximaria mais de uma posição jurídica subjetiva ativa (como diria PONTES DE MIRANDA) ou *potestas* [potestatividade], do que propriamente de um bem (pp. 119, 126-131 e 134-142). Contudo, como logo se verá, esse não seria propriamente um fundamento para rejeição categórica de que o controle pode se constituir em um bem (com exceção da negativa expressa à tese de BERLE & MEANS de que o poder seria um *corporate asset,* como se verá na nota seguinte; ainda, vide *Nota de Texto 22,* pp. 122-123 de COMPARATO & SALOMÃO FILHO). O controle é, sem dúvida, um poder. É também, uma função, e, mais especificamente, um *poder-função* e, portanto, uma posição subjetiva potestativa. Contudo, e como tentará se expor, assume-se, em certas circunstâncias, que essa posição subjetiva postestativa vem a ser considerada, para os fins de direito, um verdadeiro bem, tal qual um crédito vencido ou um crédito vencido e processado (na seara individual em processo de execução, por exemplo, ou ainda na seara coletiva em processo

2. ASPECTOS GERAIS

Em assim sendo, que tipo de objeto ou bem jurídico seria o controle?

Esse questionamento, por sua força de sua finalidade, demanda a nossa atenção e olhar para o sistema que rege o direito privado brasileiro. Aceitando o controle como um "bem" (seja ele incorpóreo, como propôs REQUIÃO, seja um "bem da companhia", como propuseram BERLE & MEANS[29]) e tendo em mente que o nosso direito comporta, objetivamente, duas categorias jurídicas de bens, a saber, *os bens considerados em si mesmos* e *os bens reciprocamente considerados*, incumbe saber qual estatuto jurídico se alocaria para o controle, quando visto como um "bem".

COMPARATO & SALOMÃO FILHO lembram que o controle, como poder investido em um órgão societário, dentro de uma concepção de direito comercial que gire sob o eixo regulatório da atividade comercial, ao invés do eixo regulatório dos atos de comércio, obedece a uma classificação de bens que respeite os interesses sociais e os valores culturais envolvidos nos vários exercícios de controle vistos ao longo da história.

Antes de negar diretamente a classificação do Código Civil para tratar do controle,[30] incumbe notar aqui como o controle se exterioriza e

---

falimentar). Recentemente, ainda que soe impróprio sob o ponto de vista técnico, a lei já vem admitindo o penhor de direitos, como se esses pudessem ser equiparados aos bens (art. 1.451 e seguintes do Código Civil). Já presumia, antes, a legalidade da penhora sobre direitos por força de disposição expressa do Código de Processo Civil (art. 655, inciso X).

[29] Op. cit.; pp.207-218. Citando uma decisão de uma Corte de Nova Iorque, que dizia que *"the power going with the 'control' is an asset which belongs only to the corporation; and the payment for that power, if it goes anywhere, must go into the corporate treasury"* (pp.216-217; "o poder que acompanha o 'controle' é um ativo que pertence unicamente à companhia, e o pagamento por esse poder, se for para algum lugar, deve ir para a tesouraria da companhia"), BERLE & MEANS, distante do radicalismo de se considerar que o preço de aquisição deva ser contabilizado em favor da companhia, lançam muitas questões sem, contudo, refutar essa posição que, hoje, é considerada como ultrapassada, tendo em vista que o valor financeiro correspondente a esse poder, de forma inquestionável, pertence ao titular do exercício desse poder e não à companhia por meio da qual o poder é exercido. Essa decisão citada por BERLE & MEANS confude, lastimavelmente, o objeto do direito (controle) com os veículos reciprocamente considerados (companhia e patrimônio corporativo) em relação ao próprio objeto (controle), para viabilização regular do exercício do direito (ou poder) incorporado no objeto (controle). COMPARATO & SALOMÃO FILHO lançam-lhe crítica aberta (Op. cit., Idem; p. 300).

[30] COMPARATO & SALOMÃO FILHO (pp. 126-134) propõem várias classificações para os bens, como as vetustas *summa diuisio e rerum*; *res mancipi e res nec mancipi*; móveis e imóveis e a moderna divisão entre *bens de consumo* e *bens de produção*, muito bem trabalhada pelo próprio

como ele se faz presente como um bem jurídico com titularidade bem definida e com direitos e deveres positivados na lei.

O controle, como se sabe, se incorpora, em uma primeira instância, no bloco de valores mobiliários que dá o poder ao seu titular de investir-se na função de controle e agir conforme o artigo 116 da Lei nº 6.404/76. Desta forma, o controle não se confunde com as ações ou valores mobiliários que lhe emprestam forma e característica.[31] Embora as ações e os valores mobiliários, em si mesmos considerados, compreendam uma correspondência patrimonial *interna corporis* (valor patrimonial) e *externa corporis* (valor de mercado), a relação que o controle guarda com os bens corporativos não se pode confundir, também, com os bens pertencentes ao patrimônio da companhia em si mesmos considerados e sob os quais o controlador pode ter alguma ingerência. Essa relação entre controle e acervo patrimonial corporativo é uma relação de "mera *pertinência*"[32].

Nota-se que o controle se relaciona com direitos incorporados nos valores mobiliários, como o direito de voto ou veto, pode se relacionar com o exercício da administração dos bens corporativos em busca do lucro social e com a fruição e disposição desses mesmos bens, em nome de todos os sócios. O controle, nesse passo, é um poder amplo que envolve uma série bastante extensa de faculdades que se relacionam entre si, no exercício da atividade comercial.[33] São faculdades dependentes de uma titularidade no "órgão" de controle e que, sem essa recíproca consideração articulada nesse "órgão societário", se dispersam de modo a des-

---

COMPARATO no texto "A função social da propriedade dos bens de produção" (RDM 63/71). Entretanto, a investigação sobre o controle se exime de avaliá-lo como coisa considerada em si mesma, em contraposição à hipótese de tratadamento como um *bem reciprocamente considerado*. Esta é a tarefa que aqui se avoca.

[31] COMPARATO & SALOMÃO FILHO advertem que, nos processos de alienação de controle "a realidade específica do poder de controle societário, [é] inconfundível com as próprias ações cedidas" (p. 268). Mais: "não há, pois, qualquer possibilidade de confusão entre o negócio de cessão de controle e a cessão pura e simples de ações" (p. 280).

[32] COMPARATO & SALOMÃO FILHO; p. 131.

[33] Para uma completa e preciosa revisão do conceito de controle refletido nas novas formas da chamada *empresa contemporânea*, além do já citado trabalho de COMPARATO & SALOMÃO FILHO, vide o notável estudo de MUNHOZ, Eduardo Secchi (Op. cit., Idem; pp. 221-260), que retira tais características do "fenômeno da sociedade isolada" resinderindo-a na disciplina dos conglomerados empresariais ou "grupos de fato".

2. ASPECTOS GERAIS

membrar o poder de controle ou meramente concentrá-lo em parte na administração da companhia e nas mãos de quem dispõe, diretamente, dos bens corporativos, para uso, fruição e disposição desses bens em cumprimento do objeto social ou da otimização dos resultados.[34]

Mas, uma vez identificado o poder de controle composto por titularidade de direitos de voto ou veto, administração direta dos bens corporativos e uso, fruição e disposição desses mesmos bens em nome de terceiro (a companhia), essa concentração viabiliza o tratamento do controle como um objeto de direito passível de um negócio jurídico oneroso e direto entre partes e sujeitos de direito. Repare-se, portanto, que o controle alienado em operações que têm o seu clímax na assinatura de um contrato de venda e compra de ações, é o tipo de controle que se aliena não como um bem em si mesmo considerado, mas única e exclusivamente por conta das várias faculdades que o controle permite usufruir.

Se atentarmos para o *sistema de objetos* formulados pelo semioticista Jean BAUDRILLARD[35], que organiza os objetos passíveis de apropriação segundo o discurso que representam, bem como a funcionalidade a que se prestam, notaremos que os objetos podem ser *funcionais* ou *de discurso objetivo*; *não-funcionais* ou *de discurso subjetivo*; e *metafuncionais* ou *disfuncionais*. Entendendo que os objetos *não-funcionais* sejam objetos com mero propósito de deleite, sem função prática alguma, sobram duas outras categorias: a dos objetos funcionais e a dos objetos metafuncionais.

Os objetos funcionais são todos aqueles que estariam em uso e que possuem um propósito imediato: uma caneta, um automóvel, um microcomputador – se prestam, no uso, para viabilizar ações humanas funcionais e objetivas.[36]

---

[34] Este modelo de controle resumido na administração é o controle societário que mais se aproxima do controle exercido nas grandes corporações estado-unidenses com "capital pulverizado", fenômeno esse que vem se tornando cada vez mais popular no mercado de capitais brasileiro. Nesse contexto e para que bem se compreenda o conceito de *poder de controle* na dispersão, vide Erik Frederico OIOLI. *Oferta Pública de Aquisição do Controle de Companhias Abertas*. São Paulo: Quartier Latin, 2010.

[35] BAUDRILLARD, Jean. *O sistema dos objetos*. (trad. de Zulmira Ribeiro Tavares). São Paulo: Perspectiva, 2004.

[36] Tanto os objetos funcionais quanto os objetos não-funcionais são, na linguagem de COMPARATO (Cit.; RDM 63/71), os chamados *bens de consumo*.

Já os objetos metafuncionais se prestam para uma certa "transcendência funcional", qual seja, como verdadeiras "estruturas abertas", compondo várias funcionalidades que se prestam para dar acesso a outros objetos com ela relacionados. BAUDRILLARD os exemplifica por meio das automações, das máquinas, dos robôs, ou, na linguagem de COMPARATO, por meio dos bens de produção. Nesse *sistema de objetos* proposto por BAUDRILLARD é interessante notar que o objeto metafuncional nunca pode ser compreendido em si mesmo, mas sempre em função de outras funções a ele atreladas. São objetos que guardam potências de outras funções. São, portanto, *objetos reciprocamente considerados com outros objetos*.

Na apreensão dos valores desse sistema de objetos da pós-modernidade, pode-se, com uma certa margem de segurança, compreender que o controle, como um objeto do mundo contemporâneo, passível de apreensão, titularidade e exercício personalizado, se aproxima bastante do conceito de objeto metafuncional de BAUDRILLARD, por carregar potências de outras funcionalidades que, por si só, não se exercem, mas apenas se exercem e existem se reciprocamente consideradas, sem ser, necessariamente, um *bem de produção* (*stricto sensu*) na linguagem de COMPARATO. O controle, nesse passo, pode ser uma *hipostasia jurídica da própria produção*.

O controle, em matéria jurídica, pode ser, ao nosso ver, um bem reciprocamente considerado com seus acessórios: o direito de voto, a administração e disposição dos bens corporativos, a condução hierárquica e soberana da máquina empresarial, o veículo de realização de uma atividade comercial, a personalização de uma postura e de uma política de vendas e de *marketing*, um canal de acesso a uma gama de consumidores, um modo particular de produção, contabilização e relacionamento contratual, uma *expertise* ou *know-how*, um "capital intelectual", um patrimônio, um ponto comercial. Esses acessórios podem existir singularmente (artigo 95 do Código Civil), mas o controle, na sua inteireza, jamais existirá sem que se guarde relação com toda essa série de bens, faculdades, poderes e direitos.

Como objeto de direito e, sobretudo, objeto de um negócio jurídico de alienação de controle, o controle faz um eco pós-moderno daquilo que Clóvis BEVILÁQUA afirmava serem "certos direitos, cuja existência

2. ASPECTOS GERAIS

pressupõe a de outro"[37], ou, melhor, *um direito que pressupõe o acesso a um poder que lhe regula e organiza*. Como visto, o controle organiza direitos que compõem a companhia como centro de certa atividade comercial. O acesso pleno mas mediato a todos esses direitos depende integralmente do exercício do controle.[38]

A consideração do controle como um bem complexo e reciprocamente considerado em relação a outros direitos que lhes são acessórios, com a peculiaridade marcante de que seus acessórios podem existir independente e isoladamente, mas que o principal (o controle) só existe quando uma boa parcela desses acessórios que o compõe se faz presente, ao contrário do que possa parecer, tem alta relevância na prática das operações de alienação de controle.

O controle, com sua existência dependente de uma série de fatores e direitos isolados, compõe-se como um objeto especial de difícil subsunção ao sistema de bens previsto no Código Civil, sem prejuízo de alguma aproximação com a disciplina dos *bens reciprocamente considerados* e que lega à operação que cuida de sua alienação uma caracterização própria não prevista na tipicidade da lei e que demanda do intérprete um esforço mais amplo de visitas à Parte Geral do Código Civil.[39]

Nitidamente, os dispositivos isolados sobre compra e venda são insuficientes para dar segurança jurídica a uma espécie de negócio jurídico que carece de uma regulação típica[40], justamente por envolver outras faculdades e poderes que são pretendidos mediatamente pelo adqui-

---

[37] BEVILÁQUA, Clóvis. *Código Civil dos Estados Unidos do Brasil Commentado*, 6ª ed, vol. I. Rio de Janeiro: Francisco Alves, 1940; p. 290.

[38] COMPARATO & SALOMÃO FILHO, Op. cit.; pp. 145-237.

[39] COMPARATO & SALOMÃO FILHO (Op. cit.; p. 281), reconhecendo a peculiaridade do objeto e a especificidade de um negócio jurídico que envolve a alienação do controle, lembraram: "Não se pode, pois, deixar de reconhecer a especificidade do negócio de cessão de controle, que não se reduz, em razão do seu objeto, à tipologia tradicional dos contratos, ou das categorias jurídicas comuns". COMPARATO, em outro estudo já citado acima ("A cessão de controle acionário é negócio mercantil?") ainda lembra: "A conclusão que decorre, inelutavelmente, das premissas acima demonstradas é que a compra e venda do controle acionário não está submetida, no direito brasileiro, às normas constantes do Código Comercial e, sim, à legislação civil, que é o direito comum" (p.120).

[40] E esse detalhe se faz mais evidente ainda quando analisamos a qualificação jurídica das cláusulas enunciativas e suas respectivas funções nos amplos aspectos da compra e venda tipificada na lei, ao longo de toda a história das codificações dessa matéria nos países da *Civil Law*.

rente do controle. Em outras palavras, o controle, na grande maioria dos negócios de aquisição de controle é mero veículo ou instrumento para se adquirir um valor ou bem maior que o controle (em si mesmo considerado), variando, no caso a caso e na operação empresarial que pode visar a outra finalidade: ampliação da rede de agências, aquisição de uma base de clientes, aquisição de uma marca, aquisição de um segredo industrial, aquisição de uma autorização regulatória[41], absorção ou fusão de duas culturas empresariais e *know-how* complementares, direito de uso de um ponto estratégico etc.[42]

[41] Esta finalidade era bastante comum em processos de alienação de controle de instituições financeiras na época das chamadas *cartas-patente*.

[42] Um excelente exemplo prático dessa implicação se extrai do Fato Relevante acerca da aquisição, pelo Banco Itaú Holding Financeira S.A., do controle acionário do BankBoston Banco Múltiplo S.A. ("BKB"), perante o Bank of America ("BAC"):

"*5. ASPECTOS RELEVANTES*

Os principais aspectos que motivaram a celebração do acordo para aquisição das operações do BKB podem ser resumidos nos seguintes pontos:

• Posição de liderança na administração de recursos de terceiros, custódia e mercados de grandes empresas e de clientes de alta renda;

• Importante ganho de escala nos segmentos de grandes e médias empresas;

• Incorporação de seleta base de clientes de cartões de crédito;

• Oportunidade de expansão em mercados internacionais onde hoje o ITAÚ não se faz presente.

O ITAÚ considera importante o fato de estar agregando aos seus quadros um grupo de profissionais altamente qualificados e uma rede diferenciada de agências. (...)

O objetivo do ITAÚ é manter a rede de agências do BKB, cujas instalações contam com reconhecida qualidade, e somá-las à rede de agências do Itaú Personnalité. O ITAÚ pretende também manter a equipe de atendimento do BKB para assegurar aos clientes a continuidade na qualidade e presteza de atendimento especializado para o segmento de pessoas físicas de alta renda.

(...)

Dentro da parceria estabelecida, ITAÚ e BAC procurarão atuar de modo a dinamizar os negócios que sejam de interesse mútuo. Como exemplo, o ITAÚ procurará atender clientes do BAC no Brasil e efetuar remessas de/para os EUA através do BAC."

(Fato Relevante conjunto das empresas Itaúsa – Itaú Investimentos S.A. e Banco Itaú Holding Financeira S.A., publicados em 02 de maio de 2006, em <http://ww13.itau.com.br/novori/port/download/boston_020506.pdf>; com último acesso em 06/12/2006).

Como visto, normalmente, quem visa apenas e tão somente um dividendo, um lucro ou uma valorização não persegue o controle – quem busca o controle, como visto, visa mais: visa performar algo (ou no caso dos alienantes, visa encontrar quem performe) em busca de outras vantagens que não se exaurem nem se resumem na detenção pura e simples dos valores mobiliários que compõem o controle. Nesse sentido, COMPARATO ("Função do valor nominal das ações de companhias...", Op. cit., p. 107) já alertava há exatos trinta anos que: "... é óbvio que a avaliação do controle de uma empresa não se estabelece, apenas, em função

2. ASPECTOS GERAIS

Desta forma, por se tratar, em sua natureza, de um objeto metafuncional sem ser um bem de produção *stricto sensu*, o controle societário de um determinado empreendimento estará sempre valorizado por uma ou mais faculdades que se possam acessar. Isto quer dizer que no mundo real não há dois *controles idênticos* na essência. Cada controle é e sempre será um objeto singular, diretamente relacionado com as faculdades que o compuserem. Trata-se, então, de um objeto que se contrapõe totalmente aos objetos de consumo, objetos de produção em série ou os objetos de linha. Esta singularidade, como se verá, é de fundamental importância para a caracterização das responsabilidades advindas de declarações enunciativas e suas respectivas diferenças com as chamadas *garantias de consumidores.*

Para fins de construção de um negócio jurídico, as particularidades que individualizam o controle precisam ser evidenciadas para duas finalidades que o transformem em *objeto de um contrato*[43]: (i) permitir a transferência dessas faculdades de um titular para outro, com as devidas contingências e riscos, conforme distribuição por regresso dessas contingências, em termos previamente estabelecidas no instrumento que performa essa alienação, (ii) precisar o objeto na sua singularidade e na sua expressão monetária.

Portanto, é dessa metafuncionalidade, qual seja, dessa consideração recíproca do controle com outros bens, direitos e faculdades, vem a sua precisa descrição no instrumento de alienação (ou no instrumento que veicula a sua alienação) para que seja, então, individualizado como objeto de um negócio jurídico específico e como objeto de um contrato. Nessa fusão entre o controle e sua descrição como objeto de direito e sua preceituação no instrumento que performará a alienação do con-

---

dos elementos identificáveis do seu patrimônio, sejam eles tangíveis ou intangíveis. Ele representa, antes de tudo, uma situação ou *status* de poder na empresa e, muita vez, através dela, no mercado; posição de dominação, essa, que não se reduz a bens contabilizáveis". Merece ainda destaque o admirável estudo elaborado por HILL, Alfred ("*The Sale of Controlling Shares*", *In Harvard Law Review*, vol. 70. Cambridge, Mass: Harvard Law Review Association, 1957; pp.986-1039) em que o autor analisa o impacto de aquisições de certas ações em volumes reduzidos, mas que carregam elementos típicos de controle, de forma não incidental, abrindo flanco para abusos por parte de *insiders.*

[43] Sobre a necessária distinção entre *objeto de direito* e *objeto de contrato*, vide BESSONE, Darcy. *Do Contrato – Teoria Geral*, 4ª ed.. São Paulo: Saraiva, 1997; pp. 96-98.

trole é que advém o regulamento jurídico que orbita nas cláusulas enunciativas.

A falha na descrição dos acessórios que compõem o controle nas situações específicas pode levar às partes, desastrosamente, a atalhar pelo desfazimento do negócio ou pela compreensão do fechamento de um negócio em vício na declaração da vontade por erro com relação à essencialidade da coisa.[44] E justamente para evitar e prevenir que o negócio de alienação de controle comporte vícios com relação à coisa é que a atenção dos advogados é chamada, de forma marcada, para a redação das cláusulas enunciativas, que, dentre as suas inúmeras funções, se prestam, em primeiro lugar, a definir entre as partes qual o objeto do negócio que se aliena e se aquire, na sua transformação para objeto de um contrato.

Evoluindo mais no raciocínio, podemos afirmar que a natureza particular e a qualificação jurídica única do controle como objeto de um negócio jurídico ou como bem jurídico avaliado economicamente dá uma tipicidade singular aos negócios de alienação de controle cujo esforço maior das partes se resume na busca de um consenso (ou *sinalagma*)[45]

---

[44] PEREIRA, G.D.C. Op. Cit.; p. 84, fala disso, com outras palavras, ao tratar de um *controle de empresa deficitária*.

[45] A palavra sinalagma, aliás, cabe mais precisamente em negócios de alienação de controle do que em qualquer outro negócio de natureza privada. Lembrando que a palavra *sinalagma* vem do grego συναλλαγμα, ατα [*synallagma, ata*]; como variante da justaposição da preposição συν [*syn*] (que, conforme PEREIRA, S.J., Isidro. *Dicionário Grego-Português e Português--Grego*, 8ª ed.. Braga: Livraria A.I., 1998; p. 545, bem como MURACHCO, Henrique. *Língua Grega: visão semântica, lógica, orgânica e funcional*, 2ª ed., vol. I. São Paulo: Vozes, 2002; pp. 612-614, dentro da idéia de lateralidade ou companhia, tem o seu significado mais próximo de *juntamente*) com o verbo ἀλλάσσω, ἤλλαξα [*allásso, éllaxa*] (que, conforme o mesmo SJ I. PEREIRA, p.27, significa *mudar, alterar, trocar*), podemos tomar o seu resultado semântico como *algo que se muda conjuntamente, em esforço compartilhado*. Ao dizermos que um contrato é um *sinalagma*, estamos carregando a acepção vetusta de que um contrato é um mecanismo em que duas (ou mais) partes, conjuntamente, alteram, mudam uma realidade, com alguns efeitos recíprocos (e não "finalidade recíproca"). Não há nada mais sinalagmático no direito do que uma alienação de controle: por meio de uma alienação de controle, duas partes se dispõem a alterar e mudar uma série de direitos, faculdades e poderes, conjuntamente com efeitos recíprocos e até efeitos extrínsecos perante terceiros (minoritários, credores, trabalhadores, por exemplo). Essa concepção logo migrou para o vocabulário técnico jurídico, ainda em textos antigos, que já empregavam o termo *synallagma* como sinônimo de um ato que comporta a negociação entre duas ou mais pessoas com vistas a, conjuntamente, alterar uma realidade que teria sido herdada dos deuses. Vide ARISTÓTELES, *Arte Retórica*

2. ASPECTOS GERAIS

a respeito da descrição do objeto do direito e, exatamente, *do que está se vendendo e do que está se comprando*, em seu encontro com o resultado final como objeto de um contrato.

As partes, antes de chegar a um acordo no preço, necessitam acordar que estão negociando sobre um objeto que ambas fazem, reciprocamente, um conceito único e comum e sob o qual, ambas, conjuntamente, vão operar profunda modificação no *status*. O Prof. Antonio Junqueira de AzEVEDO, há exatos vinte anos, já advertia, nesse sentido: "Na declaração negocial, os efeitos se produzem *inter partes*; não há *ordem* de superior a inferior, nem *subordinação* de inferior a superior. No negócio jurídico não há hierarquia. Por maior que seja a diferença real entre as pessoas, o negócio jurídico supõe filosoficamente *cooperação* entre elas; exige *igualdade* entre declarante e declaratário. O negócio jurídico tem *essência igualitária*" (grifos do autor)[46]. Em nota, ainda lembra: "... a própria igualdade formal entre as partes não basta. A essência igualitária do negócio jurídico é de tal ordem que exige também, tanto quanto possível, *igualdade real*. É o que explica, em última instância, as incapacidades negociais, o erro, o dolo, a coação etc."[47]

(1354b, 1376b), *Ética à Nicômaco* (1130b, linha 30; 1178a, linha 10; 1131b, linha 25; 1131a, linha 1; 1103b, linha 10), *Política* (livro 6, §1317b; livro 4, §1300b) e DemÓsthenes, *Discurso 33* (§12), *Discurso 30* (§21) e *Discurso 24* (§212). Assim, com forte razão Comparato & Salomão Filho (Op. cit.; p. 267): "Trata-se, evidentemente, de um contrato sinalagmático e comutativo".

[46] AzEVEDO, Antonio Junqueira de. *Negócio jurídico e declaração negocial: noções gerais e formação de declaração negocial* (Tese de Titular para a Cadeira de Direito Civil da Universidade de São Paulo – Data da Def: 23.06.1986). São Paulo: Faculdade de Direito da Universidade de São Paulo, 1986; p.24.

[47] Idem, ibidem (nota 31).

3. Aspectos Específicos

3.1. Procedimento negocial para a alienação de controle: legitimação do negócio jurídico pelo procedimento

Exceptuando-se os casos de aquisição de companhia aberta, que estão sujcitos à disciplina da oferta pública proposta na Lei nº 6.404/76, artigos 257 e seguintes, bem como da Instrução CVM nº 361, de 5 de março de 2002, por seus artigos 32 e 33, as aquisições de companhias fechadas ou de outros modelos societários (como as limitadas), sujeitam-se a um procedimento prévio que oscila entre um mínimo de trinta dias e uma média máxima de duzentos e setenta dias.

Em casos especiais, é possível que uma aquisição se dê em menos de trinta dias ou que se estenda por mais de trezentos dias, podendo as negociações perdurar por anos. Essa oscilação é uma média geral que se detecta na frequência com que os casos de aquisição de controle são concluídos pelas partes, com a efetiva aquisição ou até mesmo com a desistência amigável do negócio, algo também bastante frequente.

Nesse período de tempo as partes se envolvem em um rígido procedimento negocial para a alienação de controle. Não se trata de um procedimento previsto em lei e nem tampouco de um procedimento que se submete a um rigor semelhante ao de um procedimento judicial ou administrativo. É, antes de tudo, um procedimento construído pelos usos e costumes, razoavelmente sedimentado pela *lex mercatoria* e que vem, de tempos em tempos, sendo aprimorado pelos bancos de investimento que assessoram as companhias em processos de alienação de controle.

Por não haver uma forma rígida ou fixa, esse procedimento varia bastante em cada caso, conforme cada situação e segundo as prioridades eleitas pelos assessores. Os procedimentos para aquisição de controle são considerados, pelos bancos de investimento e por outras empresas que prestam assessorias semelhantes, como um verdadeiro *know-how* na prestação de seus serviços para as empresas e pessoas envolvidas: adquirente, alienante e empresa-alvo (*target company*)[48].

Contudo, apesar de todas essas nuances e particularides que permitem que um procedimento de alienação de controle possa ser distinto em cada caso, há um certo consenso a respeito de fases ou documentos tidos por "essenciais"[49]: há, portanto, uma certa "unicidade formal". A essencialidade dessas fases está indissociavelmente ligada à questão da *legitimação pelo procedimento*, já largamente explorada na processualística, mas ignorada completamente pela doutrina de direito comercial e pelos estudiosos de direito privado. Na legitimação pelo procedimento,

---

[48] Sobre o desenvolvimento da "indústria de M&A" e a criação de uma prática de mercado uniformizada para essas operações por iniciativa de certos bancos de investimento, vide o interessante texto de Brett COLE. *M&A Titans – The Pioneers Who Shaped Wall Street's Mergers and Aquisitions Industry*. Hoboken, NJ: Wiley & Sons, 2008, com ênfase no primeiro capítulo (pp. 5-12) sobre a gênese de criação do processo, no quarto capítulo que trata da sistematização técnica por iniciativa das práticas sedimentadas pelo Banco Golman Sachs (pp. 31-42) e o desenvolvimento do sistema pelo banco Morgan Stanley (p. 43-52), objeto do capítulo quinto da obra.

[49] Desta forma, ousamos discordar, humildemente, da afirmação feita por Guilherme D. C. PEREIRA (Op. cit.; pp. 84-85), no sentido de que "o contrato de compra e venda do poder de controle acionário não exige formalidade especial". Afirma-se que, pelo fato de estar "consubstanciando, do ponto de vista formal, uma venda de ações, não são necessários outros requisitos de forma além daqueles que se exigem para os negócios com ações", a validade, a eficácia e a existência do instrumento não dependeria de formalidades expressas. Contudo, em primeiro lugar, conforme alerta de COMPARATO (vide Nota 30 deste trabalho e texto respectivo), a alienação de controle não pode se confundir com uma mera alienação de valores mobiliários. Ademais, como se nota a cada dia, as ditas *fases essenciais* de um procedimento de alienação de controle vão cada dia se tornando mais relevantes para formação do vínculo contratual de alienação de controle, comprometendo-se cada vez mais a eficácia desses negócios a providências prévias e preparatórias, sobretudo a chamada auditoria legal ou *due diligence*. Para que se possa compreender melhor sob o ponto de vista jurídico, Sérgio BOTREL (*Fusões e Aquisições*. São Paulo: Saraiva, 2012, pp. 197 e ss.) faz apurado trabalho, retirado das práticas de fusões e aquisições, alinhando as fases a um respectivo instituto jurídico. Na parte de *due diligence*, inclusive, apresenta ampla e extensa lista dos *check lists* utilizados em operações de aquisição de controle (Ibidem, p. 201-215).

3. ASPECTOS ESPECÍFICOS

a legitimação de um vínculo social (e, neste caso, jurídico) decorre da *participação efetiva* das partes no processo de formação desse vínculo.[50]

---

[50] Vide, sobre o tema da *legitimação pelo procedimento*, de LUHMANN, Niklas. *A sociological theory of law* (trad. de *Rechtssociologie* por Elizabeth King e Martin Albrow). Londres: Routledge & Kegan, 1985 e de DINAMARCO, Cândido Rangel. *A Instrumentalidade do Processo*, 12ª ed.. São Paulo: Malheiros, 2005; pp. 131-132. DINAMARCO, para sustentar a sua posição, salienta, citando LUHMANN, Niklas (*Legitimação pelo procedimento*, trad. de Maria da Conceição Côrte-Real. Brasília: UnB, 1980) que a idéia é vitoriosa inclusive fora do campo dos estudos sobre o exercício jurisdicional.

É ainda muito oportuno lembrar que o estudo dos princípios da processualística aplicados em outros ramos do direito (sobretudo do direito material) é dotado de campo largo de exploração, mas ainda parcamente explorado. Dentre os poucos estudos sobre a aplicação de princípios processuais em temas de direito material, destacamos, além da obra já consagrada sobre o tema de Odete MEDAUAR (MEDAUAR, Odete. *A processualidade no direito administrativo*. São Paulo: Revista dos Tribunais, 1993) e de Eros Roberto GRAU (*A Interpretação Constitucional como Processo*. Brasília: Consulex, 1998), o parecer da lavra de Ada Pellegrini GRINOVER (GRINOVER, Ada Pellegrini. "Princípios processuais fora do processo", *In Revista de Processo*, volume 147, ano 32. São Paulo: Revista dos Tribunais, maio de 2007; pp. 307-330). Extrai-se do parecer de GRINOVER a infirmação que o contraditório, como expressão teórica dos direitos de "informação e possibilidade de reação" (p. 310) e princípio articulador da validade das provas pode, muita vez, extrapolar do âmbito de uma relação jurídica estritamente processual (pp.311-316). Vale lembrar que, em relação direta com a linguagem exposta no Parágrafo Único ao art. 219 do Código Civil, a relação entre *due diligence*, provas, informação e direito à possibilidade de reação ganham um espectro bastante contundente, merecendo, no olhar do direito material, uma lente já desenvolvida na processualística. Note-se, entretanto, que a relação entre processo (procedimento) e formação da relação obrigacional ainda não tem ponte sólida construída nem em doutrina pátria, nem em doutrina estrangeira.

Ademais, nota, nesse mesmo sentido, o grande COMPARATO (RDM 32/78-79), ao comentar o Acórdão STF RE nº 88.716/RJ (RTJ 92/250; vide nota 54): "Compreende-se, portanto, que, de modo geral, esse conjunto de fatores tenha acrescido a importância do chamado *procedimento negocial*, tanto na unidade quanto na pluralidade de negócios. No moderno direito contratual, a distinção entre *procedimento* e *relação negocial* assume uma função analítica em tudo semelhante à que intercorre entre processo e procedimento, a qual inaugurou, como sabido, a moderna teoria do direito processual.

O procedimento negocial, enquanto ordenação regular de atos tendentes à criação, modificação ou extinção de uma relação negocial, só era considerado na hipótese de essa relação envolver um só negócio jurídico, mais precisamente, um só contrato. Ainda assim, toda a atenção voltava-se para a troca de proposta e aceitação, no contrato bilateral, notadamente por correspondência, negligenciando-se a fase anterior, das negociações ou tratativas. O alongamento procedimental, em razão da crescente complexidade do objeto dos negócios (de que constitui conspícuo exemplo a cessão de controle empresarial), a par da criação da técnica das chamadas *punctações*, ou acordos progressivos sobre diferentes pontos do negócio a ser celebrado, deu ensejo outrossim ao reconhecimento, por via pretoriana, de uma respon-

Um procedimento negocial sofisticado, com um mínimo de fases, precauções, cautelas e formalidades assegura às partes que nenhuma delas (sobretudo o adquirente) venha a ser surpreendido com contingências mais ou menos evidentes e que, num juízo legal, podem ser classificadas como *erro escusável* ou *falta de cautela e diligência*.

Não há dúvida de que a forma com que as fases são conduzidas e performadas pelas partes têm especial relevância. Uma auditoria legal em processos trabalhistas de uma companhia com cinco mil reclamações trabalhistas, feitas em uma tarde por apenas um estudante de direito (com todo respeito à "classe", que ainda me considero um fiel filiado) não pode ser usada como escusa pelo comprador que é surpreendido com uma demanda trabalhista de alto valor e revelada em um pacote com outras quatro mil demandas semelhantes, mas de valores, causas de pedir e pedidos distintos. Se o comprador deixou de prever semelhante contingência na sua avaliação de preço ou se avaliou mal os riscos dessa contingência à luz da jurisprudência aplicável ao caso, poucos recursos regressivos contra o vendedor lhe sobrarão se a devida cautela não foi aplicada no período de avaliação, sobretudo se amplamente franqueado pelo vendedor, mas cuja forma de participação adotada pelo adquirente não condisse com a complexidade das informações postas à disposição.

---

sabilidade pré-contratual. Os riscos, inerentes às negociações empresariais – de suspensão de créditos, de fortes oscilações de cotação em Bolsa, de violação de segredos profissionais, de represálias mercadológicas dos concorrentes, ou de interferência dos Poderes Públicos – são de tal ordem, que já não podem mais ignorar, em termos de responsabilidade civil, as graves conseqüências econômicas de uma ruptura abusa de negociações[nota]. [Nota: Cf. Francesco Benatti, *A Responsabilidade Pré-Contratual*, trad. de Adriano Vera Jardim e Miguel Caeiro, Coimbra (Livraria Almedina), 1970. Jean-Christian Serna, *Le Refus de Contracter*, Paris (LGDJ), 1967].

Por outro lado, a ampliação do procedimento negocial deu-se também, significativamente, na prática contemporânea, pela já referida multiplicação de contratos preliminares. Aqui, saímos da sucessão de atos que se fundem num mesmo contrato (proposta e aceitação, por exemplo), e entramos numa sucessão ordenada de contratos, que se inter-relacionam teleologicamente com uma unidade de escopo, sem perder a sua individualidade à medida em que vão sendo celebrados os contratos definitivos [*sic*]. O contrato normativo não se *resolve* nos contratos individuais, mas permanece em sua individualidade de 'quadro contratual' (*Rahmenvertrag*, como dizem os alemães). A promessa de contratar não é elemento integrante do contrato definitivo, não dispensa a troca de consentimentos que forma este último, embora tenha esse fato aparecido, aos juristas que ainda não ingressaram mentalmente na era moderna, como duplicação desnecessária".

3. ASPECTOS ESPECÍFICOS

As formas negociais dão o tom de como as cautelas devem ser performadas a fim de se evitar que erros evidentes interfiram no processo de aquisição. Busca-se, por meio de um procedimento de negociação, uma lisura formal e uma legitimação dos meios que levam à conclusão de um negócio, a saber, a aquisição de um controle. Uma aquisição de controle que obedeça a um procedimento mínimo de cautela jurídico-comercial será tida, sob o ponto de vista técnico, como uma *aquisição legítima*.[51]

3.1.1. *As fases*

Dentre essas fases já consagradas pela prática, nota-se que um processo de aquisição de controle, quando há mais de um pretendente ou potencial candidato à aquisição, se inicia com uma *carta-convite*, também conhecida pela abreviação "RFP" (de *request for proposal*). As cartas-convite, geralmente, são documentos bastante simples, com uma lauda no máximo e raramente apresentam informações sobre a companhia ou seus aspectos principais. Podem, em algumas circunstâncias, revelar de imediato quais são as fases futuras daquele procedimento e os seus devidos prazos. Normalmente capitaneadas por assessores ou bancos de investimento, que agem como mandatários dos alienantes do controle de uma empresa alvo[52], as cartas-convite anunciam ao seu destinatário

---

[51] O termo legítimo, aqui, vai empregado no mesmo sentido que lhe emprega Telles Junior, Goffredo da Silva (*O Direito Quântico*, 6ª ed.. São Paulo: Max Limonad, 1985; pp. 424-427) ao distinguir o *legítimo* do *legal*. Para os fins que aqui são propostos, uma *aquisição legítima* é uma aquisição que não apenas decorre de uma fonte legítima primária de vontade entre as partes, qual seja, o consenso e a conveção, mas também que decorre de um consenso ou convenção processado dentro de parâmetros de boa-fé objetiva. É, pois, uma vontade que decorre do comportamento comum das partes e não discrepa de uma imposição ou de uma distorção dessa vontade ou das declarações que envolvem a vontade e seus enunciados de fato e, por isso, não é produzida *artificialmente*, como lembra Telles Junior.

[52] A questão da natureza jurídica específica dos serviços prestados por bancos de investimento e assessores de fusões e aquisições é uma das questões mais intrigantes no direito atual: entre o mandato, a prestação de serviços, a corretagem, a gestão de negócios e a comissão mercantil (sem contar na tese dos contratos atípicos, contratos mistos típicos e atípicos), a falta de disputas judiciais e de casos envolvendo litígio entre bancos de investimento e assessores de fusões e aquisições relega esta definição ao âmbito da especulação teórica, enquanto as contratações continuam, de fato, com os parâmetros de prazo e eventual validade de cláusulas de honorários (sobretudo as que englobam direitos como o *tail*) continuam ainda fatiadas entre as várias teorias que se filiam a uma ou outra natureza. Vamos deixar essa interessante e intricada questão para uma outra oportunidade fora deste trabalho.

(o eventual pretendente-ofertante), em uma base estritamente confidencial, que, caso haja interesse na aquisição de empresa de determinado porte atuante em um certo mercado, o potencial pretendente precisará assinar um *acordo de sigilo* (também chamado de *acordo de "confidencialidade", confidentiality agreement* ou "NDA", abreviatura do termo em inglês *non-disclosure agreement*) para que possa receber mais informações.

O segundo passo é a assinatura e a assunção de um compromisso de sigilo. Os compromissos de sigilo são acordos que comportam obrigações de fazer e obrigações de não-fazer, que se descumpridas, se resolvem em perdas e danos representados por valores altos de indenização. Os acordos de sigilo visam, num primeiro momento, que as partes evitem divulgar informações para o público, tanto a respeito do procedimento, quanto a respeito da aquisição, como e sobretudo a respeito das partes e da empresa alvo. Mediatamente, os acordos de sigilo também visam evitar que as partes que recebem as informações façam delas um uso distinto ou desviante da finalidade que envolve o procedimento de alienação de controle. A sedimentada distinção entre *uso* v. *posse* da informação recebida[53], desenvolvida em decisões sobre *insider trading*, é geralmente utilizada no corpo dos acordos de sigilo que dão início a procedimentos de alienação de controle.

Os acordos de sigilo normalmente estabelecem prazos longos, para que as partes mantenham o absoluto sigilo sobre as informações recebidas bem como se abstenham de fazer uso dessas informações para benefício próprio ou de terceiros, caso o negócio não se conclua ou caso o negócio se conclua com terceiros que não as partes do acordo de sigilo. Definem, também, quais categorias e espécies de informação estão

---

[53] A espinha dorsal da regra 10b5-1, do Securities Exchange Act de 1934, sobre *"manipulative and deceptive devices and contrivances"* está no cerne da discussão jurisprudencial desenvolvida ao longo da década de 1990', nos EUA, sobre *uso* v. *posse* da informação (Vide *US v. O'Hagan* [521 US 642], bem como a nota 97 e as pp. 19-20 do *Release SEC nº 33-7881*). A SEC concluiu que o melhor mecanismo seria regular as hipóteses que demonstrem ou não uma "tomada de consciência dos efeitos da informação" (*awareness of the information*) para fins de compra ou venda de um valor mobiliário. Não se trataria, pois, tão somente, de exercer influência, mas do "uso consciente" da informação manipulativa como premissa maior e a influência direta como premissa menor. Para os fins de uma postura esperada em um procedimento de alienação de controle protegido por um acordo de sigilo, o *standard* é o mesmo e vale igualmente: os acordos de sigilo visam sempre evitar que haja um *uso* da informação recebida para finalidades outras que não voltadas para a aquisição do controle em discussão.

3. ASPECTOS ESPECÍFICOS

sujeitas a esse sigilo e às restrições ali impostas, estabelecendo outras obrigações como a de não-concorrência (em alguns casos) e não contratação de funcionários e executivos-chave por um longo período.[54]

Caso haja mais de um pretendente, é comum que assessores apresentem a todos os pretendentes que já subscreveram o acordo de sigilo, num terceiro momento, um outro documento com as informações básicas da empresa alvo: o *Memorando de Informações Preliminares, Information Memorandum* ou *INFOMEMO*. Junto a esse memorando, os assessores apresentam instruções para que as partes, com base nessas informações, apresentem uma *Proposta Indicativa* (também conhecida por *Non-binding offer*).[55] Para o lado do alienante e de seus assessores, as propostas indicativas se prestam para conhecer as condições de aquisição dos vários pretendentes e definir um perfil de adquirente, segundo as condições e o preço oferecido na proposta indicativa.

De uma forma geral, as propostas indicativas, ainda que mantenham cláusula de "não vinculação", serão sempre, por força das disposições legais sobre o tema em direito brasileiro (artigo 427 do Código Civil), obrigatórias para as partes e, portanto, vinculativas no nível dos termos e condições ali impostas[56]. A não vinculação não decorre da qualificação

[54] Para outros detalhes a respeito dos acordos de sigilo, vide THOMPSON JUNIOR, S.C., Op.cit.; pp. 583-586.

[55] Como salientado acima, alguns assessores e bancos de investimento preferem incluir essas instruções na RFP; outros preferem encaminhá-la somente após a assinatura do acordo de sigilo, sendo, esse momento, uma opção estratégica adotada em cada caso específico e segundo as prioridades de cada assessor, banco de investimento ou vendedor.

[56] Um sério impacto pode decorrer, em muitas operações de alienação de controle, do prazo estipulado pela Lei nº 8.884/94, artigo 54 e §4º. Contudo, em que pesem opiniões em contrário, ainda que a lei e a qualificação do ato lhe reputam "vinculativo", ainda que a doutrina fale sobre a *retroatividade da condição*, em um certo nível de obrigações e condições, nota-se que uma proposta indicativa é uma fase de um complexo procedimento que visa a vinculação das partes, atingindo o seu auge na assinatura do documento que obriga a transferência dos valores mobiliários com o consequente registro no livro ou escrituração da companhia cujo controle foi adquirido (no caso das sociedades por ações) ou alteração de seu contrato social (no caso de limitadas, p.ex.). Considerando-se que a lei, nesse particular, fala que o prazo de 15 dias úteis conta a partir da "realização do ato", a melhor interpretação para o início desse prazo seria a que considera o ato realizado a partir da assinatura do contrato que determina a transferência dos valores mobiliários que compõem o controle ou, ainda, em uma interpretação menos conservadora, a partir da data da "efetiva transferência" dos valores mobiliários ou quotas. Entendemos que a melhor interpretação é a que considera o ato realizado quando da assinatura do contrato de transferência dos bens

ou rotulagem do documento como "não vinculativo", mas de técnica empregada na redação e terminologia da proposta, que sujeita a indicação de um preço a certas condições.

Tendo em vista que as partes dispõem de uma quantidade diminuta de informações nessa fase preliminar do procedimento, que são veiculadas por meio de um memorando de informações preliminares, a oferta indicativa apresenta um certo preço condicionado a certas exigências formais. Essas exigências formais podem se resumir a solicitações de futuras confirmações verticalizadas das informações veiculadas no memorando de informações preliminares na fase de auditoria (*due diligence*). O objeto dessa auditoria descrita na proposta indicativa será confirmar ou não que as contingências se resumem àquelas reveladas no INFOMEMO. Outras condições e exigências formais impostas pelas propostas indicativas se referem à assinatura de um contrato definitivo que contemple todas as condições ali expostas, incluindo as cláusulas enunciativas que tiverem por finalidade exclusiva descrever cada informação relevante obtida nas várias fases do procedimento de auditoria. As condições normalmente apresentadas pelas partes em propostas indicativas submetem também o pagamento do preço proposto a não existência de certas contingências que podem ser previstas ou intuídas já antes da performance da auditoria. Assim, a proposta vinculativa torna-se não exigível *imediatamente* por conta de seus próprios termos, da natureza do negócio de alienação de controle e, sobretudo, das circunstâncias particulares do caso, na exata acepção do que dispõe o artigo 427 do Código Civil. Verificadas as condições, a proposta, ajustada, torna-se exigível juridicamente, sem prejuízo de desistência volutária e recíproca das partes.

A melhor técnica manda, desta forma, que as propostas indicativas contemplem "premissas básicas do comprador" (que podem ou não, no decorrer das negociações, serem convertidas em cláusulas enunciativas no documento final de alienação do controle) e "condições para a

---

que compõem o controle, vez que em alguns casos (raros, mas possíveis), a transferência de valores mobiliários ou quotas que compõem o controle podem estar sujeitas à adjudicação compulsória, nos termos do artigo 647, II do CPC, ou, em outros casos, a aprovação regulatória. Pesa ainda contra esse modelo menos conservador, a forte recomendação de inscrição de cláusula de condição suspensiva, nos termos dos parágrafos do art. 54 da Lei nº 8.884/94.

3. ASPECTOS ESPECÍFICOS

aquisição". Essas condições previstas nas propostas indicativas, por sua forma e técnica, se ajustam de certa maneira ao conceito jurídico das *condições suspensivas* com prazo de validade (artigo 125 combinado com o artigo 135, ambos do Código Civil), qual seja, de uma condição com termo final. São, de fato, condições suspensivas[57], que, geralmente, limitadas ao prazo de negociação convencionado pelas partes ou estabelecido pelos assessores ou bancos de investimento mandatários, resolvem o procedimento sem conclusão negócio, caso não sejam implementadas dentro do prazo convencionado.

Nesse passo, é lapidar a observação de Caio Mário S. PEREIRA sobre a modalidade de obrigação empregada nesta fase deste tipo de negócio, quando termo e condição se fundem: "Na dupla modalidade de atuação há, também, um ponto de semelhança, equivalente o termo inicial à condição suspensiva e o termo final à condição resolutiva".[58] Em outras palavras, o termo inicial em que se implementa a condição suspensiva é a data de assinatura da proposta indicativa, ao passo que o termo final em que se implementa a condição resolutiva com efeitos de não conclusão do negócio é a data limite estabelecida pelas partes para a assinatura do contrato em que a alienação do controle se efetivará.

Se houver apenas um pretendente, toda essa fase preliminar de negociação, também conhecida por "*leilão privado*", pode ser superada em prol da assinatura, diretamente, de um documento que traça as premissas das fases seguintes de negociação. Esse documento pode ser tratado por vários nomes e jargões empregados na prática dos processos de alienação de controle, como, *protocolo de intenções, memorando de entendimentos, acordo de intenções*, ou, no inglês, *memorandum of understandings, letter of intent* ou *memorandum of agreement* e suas respectivas siglas, MOU, LOI ou MOA.

Esse documento costuma ser um pacto celebrado entre as partes em que se reafirmam ou se estabelecem os compromissos de sigilo e

---

[57] PEREIRA, Caio Mário da Silva (*Instituições de Direito Civil*, vol. I, 15ª ed.. Rio de Janeiro: Forense, 1994; p.360) oferece uma das mais brilhantes definições de *condição suspensiva*: "Quando a eficácia do ato depende de *condição suspensiva*, a autolimitação da vontade trabalha no rumo de estatuir a inoperância da manifestação volitiva, até que o acontecimento se realize" (itálicos do autor). Isso é exatamente o que acontece nas condições previstas nos atos em que há a dependência de uma autorização regulatória ou concorrencial.
[58] Idem, ibidem; pp. 367-368.

se traçam, diretamente, as premissas e as bases para o curso seguinte da negociação. Em não havendo a necessidade ou a possibilidade de uma fase preliminar para definição do pretendente, as partes podem fazer uma aproximação direta que é documentada nesse instrumento preliminar, cujo sistema jurídico brasileiro apreende pelo formato do *contrato preliminar*.

Não é objeto deste trabalho perpassar pelos detalhes dos protocolos de intenção, cuja polêmica já instalada ganhou vozes de muito maior renome. Apenas como nota informativa, atentemos que essa fase preliminar do procedimento de negociação gera as mais acaloradas discussões a respeito da "vinculabilidade" do ato em questão, na esteira do que atualmente dispõe o artigo 462 e seguintes do Código Civil. Tanto na jurisprudência brasileira[59] quanto em decisões de cortes dos EUA[60],

---

[59] O caso clássico a respeito dos contratos preliminares em direito brasileiro discute sobre o protocolo de intenções da alienação do controle acionário dos Supermercados Disco para os Supermercados Pão de Açúcar: vide Recurso Extraordinário 88.716/RJ, STF, pleno, j.: 11/09/1979; rel. Min. Moreira Alves – *RTJ-92/250*.

[60] Em direito estado-unidense, o caso clássico sobre o tema trata da negociação para alienação do controle acionário da Getty Oil Company para a Penzzoil Co. entre fins de novembro de 1983 e 5 de janeiro de 1984, após a assinatura de um *Memorandum of Agreement* em 2 de Janeiro de 1984 entre controladores da Getty Oil Company e a Penzzoil Co., frustrado nas tardes de 5 a 8 de janeiro de 1984, quando os controladores da Getty Oil Company celebraram uma série de outros contratos (a maioria deles no dia 6 de janeiro de 1984) para performar a alienação do controle da Getty Oil Company para a Texaco, Inc. (inclusive os contratos de venda e compra de ações, assinados em 6 de janeiro de 1984 e os contratos para transferência dos direitos de um *trustee* que compunha o bloco de controle, assinados em 8 de janeiro de 1984). Vide *Texaco, Inc.* v. *Penzzoil Co.*, Corte de Apelação do Estado do Texas (*Court of Appeals of Texas*), *[1987 729 S.W.2d 768]*, relatado pelo "Desembargador" WARREN.

Ainda na experiência judicial estado-unidense, um outro caso que merece muito destaque se aproxima, por seus termos e percalços, aos problemas vividos no caso brasileiro *Disco* v. *Pão de Açúcar*, é o da aquisição do controle da Skycom Co. pela Telstar Co.. Após uma intensa negociação para a celebração de um *memorandum of agreement* entre o controlador da Skycom Co. e a Telstar Co., entre 21 de agosto de 1982 e 5 de setembro de 1982, as partes chegaram na redação final de um *memorandum of agreement* nessa mesma tarde de 5 de setembro de 1982, tendo o "de acordo" da Telstar Co. sido firmado em um documento que continha uma condição entitulada de *"contingent condition"*, em que a Telstar Co. submetia a aquisição do controle da Skycom Co. à verificação de "suficiente lucratividade". Paralelamente, a Skycom Co. negociava a aquisição do controle da Sat-Tel Co., uma concorrente da Skycom Co. O *memorandum of agreement* celebrado entre Telstar e Skycom, além de estar submetido a certos termos e condições (em sentido técnico), previa que a conclusão do negócio de alienação do controle da Skycom deveria ser implementada por meio de um "acordo formal entre as par-

3. ASPECTOS ESPECÍFICOS

há precedentes bastante complexos sobre o tema, cujo estudo chamou a atenção de uma grande quantidade de grandes juristas.[61]

Após a superação dessa fase preliminar, que pode compreender algumas trocas de informação seguidas de uma proposta indicativa ou a assinatura, diretamente, de um protocolo de intenções, as partes se envidam na tarefa de aprofundar e equalizar, no nível máximo, as informações relevantes e contingenciais sobre a empresa alvo, cujo controle está sendo negociado.

---

tes a ser celebrado dentro de determinado prazo". Em 15 de novembro de 1982 a Telstar Co. anuncia na imprensa a aquisição da Sat-Tel, o que motiva a Skycom a mover contra a Telstar uma demanda judicial que lhe obrigasse a concluir o negócio nos termos do *memorandum of agreement*. O caso, sendo decidido pela Corte de Apelação Federal da 7ª Região (*US Court of Appeals, 7th Circuit*), por meio de notável decisão relatada pelo jurista e magistrado Frank Easterbrook, resolveu a questão da mesma forma e com as mesma conclusões com que o caso *Disco* v. *Pão Açúcar* foi decidido no Brasil, sob a pena do também jurista e magistrado José Carlos Moreira Alves. Entretanto, neste caso *Skycom* v. *Telstar*, os fundamentos foram bastante diversos. Easterbrook chega a afirmar, em certo ponto da decisão, que o documento assinado por Skycom e Telstar seria tratado como *"an agreement to agree"* e, considerando que as partes haviam elegido as leis do Estado de Wisconsin para reger o documento, Easterbrook entendeu que, segundo as leis daquele estado, um documento com tais termos não pode ser tratado como "documento vinculativo" (*"Under Wisconsin law, agreements to agree do not create binding obligations"*). Vide *Skycom Co.* v. *Telstar Co.*, Corte de Apelação Federal da 7ª Região (*US Court of Appeals, 7th Circuit*), *[1987 813 F.2d 810]*, relatado pelo "Desembargador Federal" Frank Easterbrook.

A respeito do fundamento da obrigatoriedade dos contratos na doutrina brasileira, tese adotada por Easterbrook na decisão da Skycom, a título de direito comparado vale muito a leitura do estudo empreendido pelo Prof. Darcy Bessone feito com base na doutrina de Giorgi Giorgio (Op. cit.; pp. 19-23).

[61] No espectro dessa grandeza, muitos se empenharam no estudo atento e cauteloso do caso *Disco* v. *Pão de Açúcar*. Destacamos, dentre os vários estudos, os já citados de Comparato, Fábio Konder. "Reflexões sobre as promessas de cessão de controle acionário" (RDM 32/77) e de Fernandes, Wanderley. "Formação de contrato preliminar susceptível de adjudicação compulsória" – RDM 80/76, bem como os comentários de Penalva Santos, Joaquim Antonio de Vizeu. *Os contratos mercantis à luz do Código Civil*. São Paulo: Malheiros, 2006; pp. 23-25. A respeito dos comentários do Prof. Penalva Santos, lembra-se aqui a já citada ressalva do Prof. Comparato a respeito da dúvida de constituir-se ou não a alienação de controle um negócio mercantil e, portanto, um contrato mercantil (Comparato; RDM 37/113). Ainda, sobre o tema dos contratos preliminares, vide Andrade Marques, Maria Beatriz Loureiro de. "Contrato Preliminar – Breve Análise dos artigos 462 a 466 do Código Civil" (RDM 132/156) e Franco Montoro, Thereza Maria Sarfert. "O Contrato Preliminar, o Novo Código Civil e a Análise Econômica do Direito" (RDM 132/151).

Esta fase intermediária de levantamento e certificação de dados se dá por meio de um procedimento de auditoria contábil, fiscal, administrativa e legal[62]. É o chamado procedimento de *due diligence*.[62] Nesta fase, as

---

[62] Uma *due diligence* legal básica deve comportar a análise dos seguintes componentes do controle e da empresa alvo: documentos *societários* (incluindo contratos sociais ou estatutos sociais em todas as versões, acordos de acionistas ou quotistas, acordos de voto, atas de reuniões prévias, se houver, acordos de veto, atas de assembléia ou reunião de sócios ou quotistas, atas de reunião de todos e quaisquer conselhos, incluindo o conselho de administração e conselho fiscal, se houver, acordos com administradores, incluindo os chamados *golden parachutes*, lista de administradores, organograma da empresa-alvo, prêmios para a alienação de controle ou outros mecanismos semelhantes às *poison pills*, quaisquer documentos sobre reorganizações societárias, como protocolos, justificações e laudos de avaliação e também todos os livros societários obrigatórios por força de lei ou estatuto), descrição do modelo operacional, contratos de trabalho e documentos relativos às *relações de trabalho* dos funcionários da empresa alvo (incluindo os planos de opções ou *stock options*, folha de pagamento e respectiva demonstração analítica, estatísticas de demissões, acordos coletivos, incentivos, benefícios, demonstração analítica de depósitos para fundos de recolhimento compulsório, como o FGTS, acordos de "bancos de hora"), aspectos *contratuais* da empresa alvo (incluindo os acordos comerciais, os contratos que suportam as receitas e os desembolsos da empresa alvo, incluindo prestadores de serviço, que, em certos casos devem ser compartilhados com os responsáveis pela análise dos aspectos trabalhistas, os contratos de seguro, quaisquer contratos com instituições financeiras, sejam eles referentes a operações passivas, como depósitos ou custódias, sejam eles referentes a operações ativas, como produtos de créditos, e, até, outros acordos de sigilo ou protocolos de intenção, se a linguagem desses documentos permitir e se as circunstâncias específicas autorizarem), aspectos *imobiliários* (incluindo todos os contratos de locação, promessa de compra e venda, escrituras de imóveis, certidões, ônus, licenças e autorizações imobiliárias e o comprovante de recolhimento de tributos aplicáveis, processos de desapropriação ou tombamento, se houver algum em curso), aspectos *marcários* e de *propriedade intelectual* (incluindo todos os registros de marcas, patentes, sinais, nomes e respectivos acordos, ônus e restrições envolvendo esses registros ou o dever de registro, em tese), aspectos *ambientais*, se houver (incluindo todas as licenças eventualmente necessárias e estudos que suportaram as respectivas licenças, pagamento de taxas eventualmente devidas, processos administrativos, contratos relacionados a questões ambientais, inclusive os contratos com prestadores de serviços de assessoria ambiental e sobretudo os contratos para tratamento de resíduos, certificados, concessões), documentos sobre os aspectos *fiscais* e *tributários* (incluindo todos os documentos referentes ao recolhimento e incidência de todos os impostos, taxas, contribuições e tributos em geral, aplicáveis sobre a atividade da empresa alvo, bem como sobre o objeto social da empresa, incluindo todas as análises, opiniões legais, memoranda, pareceres, estudos e projetos que resultaram na opção, pelos controladores ou pela administração, da política fiscal da empresa alvo, sem prejuízo das informações que constarem de processos judiciais e administrativos) e, por fim, os documentos relativos a aspectos *judiciais* da empresa alvo (incluindo cópia integral de todas as ações judiciais e procedimentos arbitrais, ou, ao menos, das principais peças e decisões, respectivos relatórios

3. ASPECTOS ESPECÍFICOS

partes examinam[64], por seu turno, todos os componentes da empresa que possam influir na sua apreciação financeira e que, em momento posterior, possam influir nos *custos de aquisição e operação do controle*.[65]

As informações consideradas essenciais pelo vendedor são colocadas à disposição do adquirente em um centro único de informações, por tempo limitado. Essa central de informações, outrora física e atualmente organizada na forma digital, toma o nome de *data room*. Nesse local (físico ou virtual) são colocados à disposição do adquirente, de forma organizada, todos os documentos relevantes da empresa-alvo e que possam ter influência direta no preço. Trata-se de um *selective disclosure* e que, em muitas vezes, quando as negociações são bilaterais e sem concorrentes no polo de aquisição, podem tomar a forma de um pacote de

---

de acompanhamento, seja de demandas em curso, na esfera arbitral, judicial ou administrativa, ou já transitadas em julgado, notificações, trocas de correspondências, protestos, intimações ou outros documentos que denunciem um estágio pré-litigioso, multas, autuações, bem como processos ou procedimentos iniciados ou por se iniciar perante as autoridades concorrenciais). Note-se que para outros *programas de auditoria*, como o contábil e o administrativo, a lista de documentos para a conformação da *área de informações* (*data room*) pode ainda ser aumentada com, por exemplo, documentos relativos a auditorias indepedentes (incluindo, além dos relatórios, análises, pareceres e recomendações), demonstrações financeiras detalhadas nos termos da Lei nº 6.404/76, seja a empresa uma sociedade por ações ou não, bem como laudos de avaliação incidentes sobre outras auditorias (os *appraisal reports*). Vide S. Botrel, *Ibidem*, pp. 199-215.

[63] Sobre o procedimento de *due diligence*, vide Thompson Junior, S.C., Op. cit.; pp. 786-790.

[64] Embora o exame seja feito, precipuamente, pelo adquirente do controle, a outra parte envolvida, em certas ocasiões, procede igualmente a uma análise mais detida da própria empresa que controla, para buscar subsídios que reforcem os argumentos em discussões vindouras sobre preço e condições, incluindo a forma de redação das cláusulas enunciativas.

[65] Sob o ponto de vista contábil, Franco, Hilário & Marra, Ernesto (*Auditoria Contábil*, 4ª ed.. São Paulo: Atlas, 2001; p.31) salientam a respeito da finalidade das auditorias: "o fim principal da auditoria é a confirmação dos registros contábeis e consequentes demonstrações contábeis. Na consecução de seus objetivos ela contribui para confirmar os próprios fins da Contabilidade, pois avalia a adequação dos registros, dando à administração, ao fisco e aos proprietários e *financiadores do patrimônio* a convicção de que as demonstrações contábeis refletem, ou não, a situação do patrimônio em determinada data e suas variações em certo período" (grifei). Ocorre, muita vez, em identificar fatos, circunstâncias e contingências, em um processo de *due diligence*, que são desconhecidos, inclusive, pelo então controlador e alienante, razão pela qual a prudência manda que ambos procedam a uma análise mais detida do objeto do negócio antes de iniciarem as discussões derradeiras sobre preço e condições no curso da redação das minutas do contrato ou dos contratos que determinam a alienação do controle.

informações que é tornado disponível de forma direta para o pretendente da aquisição. Esse pacote, o *disclosure package*, muita vez, toma a forma de anexos ao contrato de aquisição de ações do bloco de controle.

Juridicamente, o propósito, além de confirmar ou acrescentar algo às informações disponíveis desde a fase preliminar da negociação, é, acima de tudo, permitir que adquirente e alienante do controle estejam em níveis equalizados de informação a respeito do *objeto do direito* que está se negociando. Nesse contexto, Leandro S. ARAGÃO afirma que a *due diligence* "reveste-se como um importante mecanismo de redução das assimetrias informacionais, já que se destina a perquirir todas as informações fornecidas pela sociedade a ser adquirida".[66]

---

[66] ARAGÃO, Leandro Santos de. Op, cit., Idem; p. 81.

THOMPSON JUNIOR, S.C. (Op.cit.; p.787), em uma visão igualmente válida, aduz que a finalidade maior de um processo de *due diligence* é proporcionar ao comprador uma *"informed investment decision"*.

A teoria da *"informed investment decision"* é de superior relevância para os processos de alienação de controle, pois não apenas se resguardam os direitos do adquirente contra eventuais contingências ocultas que possam gerar impactos sobre a avaliação do controle adquirido, mas também protegem o vendedor contra eventual dissolução do negócio por arrependimento do comprador (o chamado *"buyer's regret"*). O caso mais relevante sobre o tema foi objeto de uma longa contenda judicial que alcançou a Suprema Corte do Estado de Delaware, nos EUA. O precedente *IBP, Inc. v. Tyson Foods, Inc.* (*In Re IBP, Inc. Shareholders Litigation* 200 1 WL 675330 / 809 A.2d 575 [Del.2002] e a *In Re IBP, Inc. Shareholders Litigation* 789 A.2d 14), que envolveu inclusive outros litígios paralelos como o *IBP, Inc. v. National Union Fire Insurance Company of Pittsburgh, PA* (2003 DSD 20), em que a IBP moveu ação contra sua seguradora por conta dos gastos havidos durante o contencioso com Tyson Foods, trata, dentre outros temas, de mecanismo usado pela diretoria da Tyson para se esquivar do negócio, ao notar que a companhia cujo controle foi adquirido apresentou *"poor results in 2001"*. Esse contencioso ainda envolveu litígios na esfera Federal por conta de alegadas infrações a regras federais de mercado de capitais devidas a supostas declarações falsas em fatos relevantes para justificar a desistência do negócio. A riqueza de detalhes desse caso, no que se refere ao tema do *"buyer's regret"*, por conta de decisão notável relatada pelo Juiz Leo E. Strine Jr., permite concluir que a regra geral não admite que um contrato de aquisição de controle seja desfeito por conta de arrependimento posterior do adquirente, ainda que tenha se dado antes da efetiva transferência das ações. A lide acabou sendo composta em tratativas amigáveis, não tendo o mérito obtido uma decisão final. Nessa linha, recentemente houve nova discussão envolvendo a compra da Advo, Inc. pela Valassis Communications, Inc. (vide matéria do jornal *The New York Times*, *"Trial Begins Over Disputed Purchase of Advo"*, por Rita K. Farrell, edição de 12 de dezembro de 2006, Caderno *"Business"*, p. 6). A ação foi proposta na mesma corte em que litigaram Tyson e IBP. O caso Advo, assim como o caso Tyson, resolveu-se por composição amigável, mas antes mesmo que qualquer decisão pudesse

3. ASPECTOS ESPECÍFICOS

A auditoria, nesse contexto, se presta para avaliar, basicamente, os aspectos mais relevantes do controle a ser adquirido e tem papel central na *formação das cláusulas enunciativas*. É dessa auditoria que as partes extraem as principais informações que são formuladas em modelos de enunciado e, convencionadas pelas partes, atingem o *status* de verdade inter-subjetiva, de que trataremos logo a seguir.

Por ora, basta gravarmos que o procedimento de auditoria, acrescido da fase preliminar de negociação que comporta uma troca introdutória de informações sobre o projeto e sobre o objeto de aquisição, forma uma seção procedimental que pode ser tratada como *procedimento preparatório* que visa e busca, em modos gerais, a *assimetria de informações*.[67]

Portanto, até que se dê a assinatura de um contrato "definitivo" de alienação de controle, as partes se empenham em um procedimento preparatório que pode ser dividido em duas fases bem distintas: (i) a fase preliminar, com assinatura de documentos como os *acordos de sigilo* e a troca de informações em um nível reduzido e mais superficial, finalizada formalmente pela assinatura de alguns documentos em um nível mais elevado de compromisso, como as *letter of intent* ou protocolos de intenção ou as ofertas indicativas e, (ii) a fase intermediária, compreendida por um complexo processo de avaliação da empresa e do controle, com levantamento preciso de informações em um nível razoavelmente aprofundado, a fim de formar o modelo dos enunciados que constarão das cláusulas enunciativas.

Uma teceira e última fase, já dentro de um *procedimento conclusivo*, se dá com a assinatura dos documentos que tornam vinculativa a alienação do controle e que trataremos com mais detalhes no próximo itcm.

Uma quarta e quinta fases ainda são possíveis em um processo de alienação de controle, a saber, respectivamente: (i) o fechamento da operação com eventual pagamento, estabelecimento de garantias, autorizações regulatórias, quando há e, sobretudo, as autorizações de natureza concorrencial; e (ii) a administração do contrato pós-fechamento, que pode consistir em prolongada troca de correspondências entre as

---

ter sido proferida (vide matéria do jornal *The New York Times*, "*Advo and Valassis to merge after all*", por Rita K. Farrell, edição de 20 de dezembro de 2006, Caderno "*Business*", p. 13).

[67] Idem, ibidem; pp.77-81. Vide, também, "*Due diligence* – identificando contingências para prever riscos futuros", de BRUNA, Sérgio Varella & NEJM, Edmundo; In *Fusões e aquisições: aspectos jurídicos e econômicos* (SADDI, Jairo, org.) São Paulo: IOB/Thomson, 2002; pp. 205-219.

partes, com levantamento de contingências supervenientes, eventuais notificações para pagamento de obrigações e indenizações nos termos estabelecidos no contrato e por meio da interpretação das cláusulas enunciativas, bem como a administração de mecanismos de *contas gráficas* de contingências, receitas e resultados decorrentes de atos praticados na gestão do controlador anterior, dentro dos prazos estabelecidos no instrumento de compra e venda ou em outros instrumentos definitivos.

Estas duas últimas fases, o fechamento e pós-fechamento, já dentro de um procedimento pós-conclusivo, são de suma importância pois ambas são efeitos jurídicos regulados diretamente pelos instrumentos assinados na terceira fase do procedimento de alienação (procedimento este visto como um todo), bem como o reflexo prático-jurídico dos enunciados estabelecidos nas cláusulas representativas.

Note-se aqui que até que se dê o fechamento e o pós-fechamento, qual seja, o procedimento pós-conclusivo, as fases desse grande procedimento negocial composto de três outros procedimentos distintos, o preparatório, o conclusivo e o pós-conclusivo, evoluem de forma muito semelhante a um processo judicial cível. Num primeiro momento de negociação, há uma troca intensa de correspondências e intenções de negócio, com o estabelecimento de premissas, em propósitos muito semelhantes a uma fase postulatória judicial: demonstra-se o direito, o objeto, definem-se os próximos passos, os participantes, as premissas legais e negociais, criando-se um primeiro nível de vinculação sujeito a certas condições "saneadoras".

Uma vez convencionadas e aceitas as premissas, por ambos os lados, e bem precisados os limites da oposição sinalagmática em curso ao lado dos conflitos a serem superados, as partes passam para um segundo momento, uma segunda fase em busca de provas e evidências que confirmem, reafirmem, alterem ou eliminem algumas premissas, oposições ou conflitos potenciais, após o devido saneamento para imprecisões procedimentais que possam ter surgido nas fases preliminares.

Nessa busca por fatos e evidências, as partes procuram, uma perante outra, sintonizar as informações e equalizar os fatos que sustentam as premissas, as divergências e as oposições que ainda remanescem. Essa busca pela assimetria sempre se dá, na prática, em direção dos próprios

3. ASPECTOS ESPECÍFICOS

interesses, mas sempre de modo a preservar a viabilidade do negócio.[68] Há, nesse momento, uma certa semelhança com os propósitos de uma fase judicial probatória.

O procedimento negocial em sentido amplo chega a uma conclusão quando todas as decisões são tomadas e traduzidas num documento conclusivo, que congrega, descreve e detalha a decisão negocial tomada. Nesse momento, há uma semelhança interna do grande procedimento negocial com a fase judicial decisória, por seus propósitos próprios de composição de conflitos e estabelecimento de obrigações para ambas as partes, a serem cumpridas e executadas em favor recíproco e amplo, dentro dos termos do documento que revela e traduz as decisões negociais em linguagem jurídica.

Note-se que aqui não apenas se adota, mas esforça-se em aplicar, com ressalvas que as linhas estreitas da proposta deste trabalho não

---

[68] Juristas renomados têm analisado essas buscas incansáveis por informações em vista dos próprios interesses à luz das técnicas investigativas oriundas das teorias de escolas ligadas à *Law & Economics*, sobretudo com foco no famoso *Dilema do Prisioneiro* e de outros modelos analíticos pertencentes à *Teoria dos Jogos*. Observa-se que os fenômenos sociais e sobretudo os *jurídico-obrigacionais*, diante de formas de composição de conflitos que sempre beiram o resultado coletivo negativo quando as partes adotam estratégias individuais racionais que se somadas coletivamente, podem obter um resultado útil comum extremamente corrompido. Essa análise, válida por seu turno e que se presta para entender os custos das decisões e exigências negociais, tem seus seguidores, na maioria dos ensaios, na esteira da obra do jurista e magistrado POSNER, Richard A. (*Economic Analysis of Law*, 5ª ed.. Nova Iorque: Aspen, 1998). Para uma melhor compreensão da operacionalidade do raciocínio proposto num universo atinente às escolas de *Law & Economics*, vide a brilhante tese de SZTAJN, Rachel (*Ensaio sobre a natureza da empresa – organização contemporânea da atividade*. São Paulo: Faculdade de Direito da Universidade de São Paulo, 2001 – Tese de Titular para a Cadeira de Direito Comercial da Universidade de São Paulo – Data da Def: 13.10.2002) bem como a obra organizada por SZTAJN, Rachel & ZYLBERSZTAJN, Décio (*Direito & Economia: análise econômica do direito e das obrigações*. Rio de Janeiro: Elsevier, 2005). Vide, também, de SZTAJN, Rachel o texto *"Law & Economics"* (RDM 137/228) e os interessantes trabalhos de PENTEADO, Luciano de Camargo ("Teoria dos Jogos: por uma propedêutica à elaboração racional da decisão", RDM 132/160) e POUSADA, Estevan Lo Ré ("Alguns conceitos elementares de teoria dos jogos", RDM 132/166). Sobre as críticas e reconhecidas vicissitudes das escolas fundadas na *Law & Economics*, sobretudo a escola de Chicago ligada a POSNER, vide FRIEDMAN, Lawrence M. (*A History of American Law*, 2ª ed.. Nova Iorque: Touchstone, 1985; p.693). Neste trabalho, entretanto, se absterá de seguir essa linha ligada à escola *Law & Economics*.

REPRESENTATIONS & WARRANTIES NO DIREITO BRASILEIRO

comportam[69], o conceito de *obrigação como processo* tal qual expresso na obra de Clóvis Veríssimo do Couto e Silva[70] e notavelmente potencializadas pela doutrina de Judith Martins-Costa.[71]

---

[69] Em breves linhas, as ressalvas moram, precisamente, na proposta neo-hegeliana de Karl Larenz sobre generalidades abstratas em oposição a generalidades concretas, que, sob um certo ponto de vista, podem parecer eivadas de um excessivo idealismo reformulado e reciclado em uma espécie de "pluralismo jurídico pós-moderno". Dentro de uma análise histórico-materialista, as pretensões generalistas e absolutistas, ainda que na busca de uma concreção, se sustentam com certa dificuldade. A visão sinedóquica da compreensão de várias coisas ao mesmo tempo em troca de uma única coisa com sentido unificador geralmente se enfraquece dentro de relações historicamente determináveis, como é o caso das relações obrigacionais no Brasil, sobretudo as que envolvem alienação de controle.

[70] Vide Couto e Silva, Clóvis Veríssimo. *A obrigação como processo*. São Paulo: José Bushatsky, 1976; pp. 5-45 e 71-102. Couto e Silva centra-se, em seu estudo sobre a natureza processual das obrigações, em uma análise totalmente teleológica da obrigação, cujas finalidades definem os deveres: "O 'processo' da obrigação liga-se diretamente com as fontes (como nascem os deveres) e com o desenvolvimento do vínculo" (p. 73). Essa concepção de *fontes + desenvolvimento do vínculo* é exatamente, como visto acima e nas notas anteriores, a maior marca de um processo de alienação de controle.

Note-se, entretanto, que em idos da década de 1940, o grande Emilio Betti já nos persuadia com a existência de negócios jurídicos processuais: "Negócios conjugados por um nexo de *continuidade* ou liame de *sequência*, conservam, cada um, a sua própria fisionomia e eficácia; mais que convergir no mesmo plano para um mesmo resultado, sucedem-se um ao outro tendo em vista o mesmo escopo, como premissa indefectível e coerente consequência. Tratando-se de sequência organizada, ela configura um tipo de formação sucessiva, que se qualifica, em sentido amplo, como *procedimento*, e consiste em vários atos jurídicos sucessivos, dirigidos à mesma finalidade, dos quais cada ato que segue pressupõe, necessariamente, o procedente, e prepara e preanuncia o subsequente. As formas mais complexas de procedimento encontram-se no campo do direito público, nas figuras do procedimento jurisdicional e administrativo; mas não faltam exemplos no campo do direito privado" (assim, p. 300). No original lê-se: "*Negozi congiunti da un nesso di* continuità *o legame di* sequenza *serbano ciascuno la propria fisionomia ed efficacia; più che convergere sullo stesso piano a un medesimo risultato, essi si succedono l'un l'altro i ordine al medesimo scopo come indefettibile premessa e coerente conseguenza. Se trattasi di sequenza organizzata, essa configura una fattispecie a formazione successiva che si qualifica, in senso ampio,* procedimento, *e consiste in più atti giuridici succeissivi diretti alla medesima finalità, dei quali ogni atto che segue presuppone necessariamente il precedente, e prepara e preannuncia il sussequente. Le forme più complesse di procedimento s'incontrano nel campo del diritto pubblico, nelle figure delle procedimento giurisdizionale e amministrativo; ma non mancano esempi nel campo del diritto privato*". Vale lembrar também que, conforme já citado na Nota 49, Comparato (RDM 32/78) explora essa tendência procedimental muito comum nos dias de hoje em negócios de alienação de controle.

[71] Op. cit.; pp. 381 e seguintes, incluindo a "Síntese das conclusões alcançadas" (pp. 516-518).

3. ASPECTOS ESPECÍFICOS

Ao tomar-se o conceito de *obrigação como processo*, em suas várias fases, apreende-se que as alienações de controle são, de todos, os processos obrigacionais mais complexos e mais ricos, tanto no que se refere aos detalhes de sua "formatividade", quanto no que se refere à pluralidade de obrigações para a formação do todo obrigacional que torna a transferência do controle vinculativa para as partes. As experiências jurisprudenciais estado-unidenses nos casos Penzzoil e Skycom, bem como a experiência brasileira no caso Disco/Pão de Açúcar são absolutamente paradigmáticas no sentido de reconhecer que há, nessa *lex mercatoria* dos processos de alienação de controle, uma obrigatoriedade dos contratos e uma "vinculabilidade" somente após a superação e o reconhecimento, por todas as partes envolvidas, de uma vivência necessariamente comum de todas as fases que precedem o procedimento aqui nomeado como conclusivo.

Com relação às últimas fases, compostas de um procedimento pós-conclusivo, nota-se que as partes se engajam em um período de administração intertemporal, já que por um bom tempo o novo controlador ainda convive com práticas, políticas, débitos, modelos de administração e culturas negociais herdadas do controlador anterior e geralmente deixadas a sua responsabilidade indireta por via das indenizações. Entre a fase de assinatura dos contratos definitivos e o fechamento, pode haver uma ingerência do novo controlador nos atos do controlador que começa a se despedir da empresa alvo. Nem sempre é possível que o adquirente tome frente do controle imediatamente, pois, como logo se verá, muitos contratos que compõem a fase decisória do procedimento de alienação de controle, estabelecem precisas condições para desembolso e o efetivo fechamento do negócio.

Dentre as condições mais comuns, reinam aquelas que dizem respeito às autorizações regulatórias e autárquicas, com ênfase para as autorizações concorrenciais. Superadas as condições, sobretudo as relativas às aprovações governamentais, o negócio conclui-se, abrindo a possibilidade para as providências de fechamento, como o estabelecimento das garantias, os desembolsos e as transferências em livros de ações ou aditamentos a contratos sociais, tornado a alienação de controle efetiva perante terceiros.[72]

---

[72] Sem prejuízo dos efeitos dos deveres de divulgação por força da Instrução CVM nº 358 de 3 de janeiro de 2002, em hipóteses em que o adquirente do controle for empresa aberta.

Por fim, antes de adentrarmos nas especificidades da fase decisória dos procedimentos de alienação de controle, vale lembrar, mais uma vez, que essas fases e esse modelo procedimental de aquisição é uma hipótese baseada na sobreposição de vários procedimentos de aquisição e em várias experiências práticas performadas em processos de *fusões e aquisições*. Não é intenção deste trabalho sugerir que essa organização seja ou deva ser comum a todos os processos de aquisição. Não se trata de uma proposta *de lege ferenda*, mas de uma tentativa de sistematização aberta, que comporta muitas e várias exceções.

Bom exemplo dessas exceções são os processos de aquisição, de pouca frequência mas não incomuns, em que as partes, satisfeitas com um certo de nível de informações já conhecido por parte do adquirente, sobretudo quando o adquirente é um *investidor qualificado* e a companhia-alvo é de capital aberto, partem para a assinatura de um contrato definitivo de alienação de controle, optando por fazer a *due diligence* no período que compreende a assinatura dos instrumentos e a aprovação dos órgãos regulatórios ou concorrenciais, submetendo o resultado das investigações a eventuais ajustes de preço, segundo critérios e fórmulas pré-estabelecidas nos documentos de conclusão do negócio.

Portanto, é perfeitamente possível, segundo as peculiaridades do projeto e das partes, suprimir etapas sem prejudicar a legitimidade da aquisição, por força do nível de informações já disponíveis ao comprador e o nível de risco expressamente assumido por ele. Nesse mesmo sentido, é possível também inverter a ordem dos procedimentos e criar procedimentos incidentes para melhorar a operacionalização de certos detalhes de um projeto ou de certo modelo de controle societário ou gestão empresarial. Entretanto, dificilmente se verá um projeto em que as partes se abstenham completamente de: (i) uma fase preparatória, ainda que se resuma a uma conferência telefônica, prevista no Código Civil em seu artigo 428, I, segunda parte, e (ii) uma auditoria legal ou *due diligence*, ainda que se resuma a uma mera análise financeira de balanço ou sua simples conferência, acompanhada da leitura de alguns documentos societários e contratos principais da empresa alvo escolhidos propositalmente e com algum critério de seleção, para que haja, conforme linguagem de THOMPSON JUNIOR, uma tomada de decisão consciente e baseada em uma quantidade mínima e razoável de informações (*aware decision*). Mesmo nos processos em que há uma assunção

3. ASPECTOS ESPECÍFICOS

total de risco pelo comprador (as chamadas, no jargão, por "vendas de porteira fechada"), esse escrutínio mínimo e superficial acaba ocorrendo.

3.2. O Instrumento Contratual para efetivação da alienação do controle: o contrato de compra e venda de ações

Como salientado antes, o modelo adotado para efetivar a alienação do controle está ligado indissociavelmente à multiplicidade de elementos que compõem o controle em sua qualificação como "objeto de direito".

Na multiplicidade e na amplitude conceitual que o termo controle pode exprimir dentro do chamado *novo direito societário*, sobretudo quando temos em mente a concreta acepção do significado possível de um "uso efetivo do poder de controle para dirigir as atividades sociais e orientar o funcionamento dos órgãos da companhia", com destaque para o conceito de "direção das atividades sociais", chegaremos, na prática, a uma certa multiplicidade consequente das possíveis formas de transferência desse poder para terceiros. Em certos casos, para se ceder o controle de uma atividade empresarial, bastará um trespasse de estabelecimento, em outros casos, bastará uma cessão de contratos (ou "cessão de carteira"), em alguns outros casos, bastará a transferência de um grupo de funcionários-chave com os respectivos "contatos" ou "bancos de dados"[73], noutras hipóteses, bastará a transferência de uma base de dados cadastrais, noutros casos, uma operação societária típica (uma incorporação total ou uma incorporação acervo seguida de uma cisão parcial, ou ainda uma incoporação de ações) e assim por diante, conforme já pudemos estudar acima.

Entretanto, todas essas hipóteses, ainda que plausíveis e muito comuns, são exceções.[74] Normalmente, a transferência do controle de uma em-

---

[73] Importante lembrar que essas cessões de cadastro, se importar em abertura de novo banco de dados na empresa adquirente, deverão respeitar as condições previstas no artigo 43 da Lei nº 8.078/90.

[74] FRANCESCHELLI, Bruno, ao dissertar sobre o tema das cessões de crédito (*Appunti in time di cessione dei crediti*. Napoli: Dott. Eugenio Jovene, 1957), já salientava se tratar a cessão de crédito de um negócio não-autônomo e elemento de causa de outros negócios jurídicos, os quais o crédito constituiria objeto (p. 4). Nesse passo e no tema que nos interessa, FRANCESCHELLI lembra que na relação entre os efeitos da cessão e a compra e venda como causa, não se pensa em uma cessão desvinculada de sua causa concreta (pp. 5-6), sobretudo quando temos em vista a eficácia real da compra e venda (pp. 12-14).

presa para terceiro para que ele possa "dirigir certas atividades sociais"[75] passa pela transferência de valores mobiliários que contenham direitos de voto e veto, escolha de administradores e aprovação anual de contas ou, em outras palavras, por uma efetiva alienação do poder de controle. A detenção dessa maioria acionária sempre será o melhor e mais eficaz veículo para que se possa "dirigir atividades sociais e orientar o funcionamento dos órgãos da empresa".

Por força dessas circunstâncias, passa-se a analisar, daqui pra diante, como melhor modelo de instrumento de efetivação e concretização de uma fase decisória de alienação de controle o chamado *contrato de venda e compra de ações* ou, como se usa em inglês, *stock purchase agreement* (SPA) ou simplesmente CCV.

Como visto, um CCV congrega e retoma em um único documento, todas as declarações produzidas até então, geradoras de direitos e obrigações, incluindo a *declaração de vontade das partes* consistente na alienação dos bens que veiculam o controle e respectiva aquisição desses mesmos bens, veiculando o mesmo poder. Essa alteração de *status* jurídico de um objeto metafuncional, complexo e reciprocamente considerado com outros direitos e bens da companhia, o chamado controle, contemplada por um documento que reproduz todas as fases de um procedimento igualmente complexo e gerador de um efeito unitário (alienação do controle) é o que a doutrina amplamente chama de *sinalagma*, como já pudemos estudar na Nota 44.

Importa, antes de darmos mais um passo rumo ao aprofundamento derradeiro da proposta deste trabalho, a saber, sobre a qualificação das cláusulas enunciativas no direito brasileiro e comparado, estudarmos com mais vagar sobre os detalhes e características básicas desse instrumento--modelo que reproduz e unifica todas as fases e respectivos efeitos jurídicos (desde as tratativas preliminares e os acordos de sigilo até as últimas conclusões da *due diligence*), bem como os poderes, obrigações e declarações (enunciativas e dispositivas) que traduzem e superam essas fases.

---

[75] Lembre-se, mais uma vez, que para os casos de controle exercido diretamente pela administração e mediatamente pela assembléia geral, em companhias chamadas de "capital pulverizado", a hipótese teórica aqui proposta se relativiza bastante. Essas premissas são aplicáveis apenas e tão somente para as companhias fechadas, as sociedades de pessoas ou, em alguns casos, para as companhias abertas (desde que cumpridos certos requisitos exigidos pela CVM) com controlador definido e indentificável.

3. ASPECTOS ESPECÍFICOS

Dos muitos instrumentos atualmente celebrados, os advogados, bancas, assessores e bancos de investimento que atuam na área, se utilizam de um modelo padrão de CCV, com cláusulas e linguagem própria já sedimentadas pela experiência dos últimos vinte anos de desenvolvimento desse ramo. Esse modelo padrão de CCV está consolidado em um documento editado pela *Seção de Direito Comercial* da *American Bar Association* intitulado *Model Stock Purchase Agreement with Commentary*. Trata-se de um prático manual que orienta advogados e partes relacionadas com o ramo das alienações de controle, a manusear cláusulas básicas, com algumas sugestões de redação, alternativas baseadas em casos práticos e uma certa linguagem padronizada já geralmente aceita e muitíssimo utilizada não apenas nos Estados Unidos da América[76], mas também em quase todos os países da Europa, Ásia e América Latina.

Dessa prática e desse modelo nasceram e ainda nascem muitos negócios. Não há, contudo, em direito brasileiro, nem estudo comparativo, nem uma busca de adaptação desses modelos, com análise crítica ou, ao menos, em tentativa de associações possíveis com o direito brasileiro.

A verdadeira tipicidade desse instrumento, infelizmente, não decorre de uma previsão legal mas sim desse singelo documento, que é, em muitas vezes, o parâmetro que substitui a lei em diversos argumentos de autoridade, ao longo de negociações com companhias brasileiras. Até quando duas partes brasileiras negociam, o modelo da *American Bar Association* prevalece, em detrimento, muita vez, do sistema que nos é próprio. Por ora, a vereda do criticismo histórico não é a via que este estudo se propõe.

Vimos, já, anteriormente, que a tipicidade e as peculiaridades dessa forma negocial complexa impedem que se dê uma subsunção satisfatória nas formas previstas no Código Civil para a *compra e venda*, como já demonstrado acima, na Nota 38, pela precisa observação de COMPARATO & SALOMÃO FILHO.

Admitamos, pois, que o CCV é um documento central de um processo de negociação complexo, mas que, frequentemente, concluiu-se perpassando por outros documentos que o antecederam, com níveis

---

[76] Sobre o papel deste tipo de modelo no trato cotidiano de questões jurídicas, veja-se o brilhante artigo de DAVIS, Kevin. "The role of Nonprofits in the production of boilerplate", *In Michigan Law Review*, vol. 104, Ann Arbor, MI: Michigan Law Review, Março de 2006, pp. 1075-1103. Entre nós, explorou a estrutura de um CCV Sérgio BOTREL (*Ibidem*, pp. 238-278).

de profundidade menores e um foco maior na equalização das informações. Um CCV pode ser negociado em prazo bastante reduzido, dependendo do projeto e dos interesses envolvidos. No caso Texaco v. Penzzoil, o CCV foi concluído em uma tarde, como relatado na decisão lavrada por WARREN. Na grande parte dos casos, as negociações se estendem por algumas semanas, podendo levar meses. Em raros casos há situações em que a negociação de uma minuta de CCV leva anos: contudo, especialistas não recomendam que esse prazo passe de um razoável máximo de quarenta e cinco dias, por força da redução de desgastes e, sobretudo, dos chamados custos de negociação (*cost transactions*)[77] e eventual necessidade de revisão das premissas e informações consultadas nas fases anteriores.

De forma geral e quase uniforme, esses contratos são compostos de[78]:

(i) *Preâmbulo* (*whereas* ou *recitals*): embora não seja considerado por muitos como parte do contrato e por isso, exequível, as declarações contidas no preâmbulo do contrato se prestam para fazer declarações de fato e contextualizações que auxiliam o leitor a entender as razões e os fatos periféricos da alienação de controle. Os argumentos utilizados para debelar a idéia de que essas verdadeiras *declarações enunciativas* não façam parte do contrato são integralmente desprovidas de qualquer razão de fato e de direito. Contratos não podem conter palavras vãs ou fúteis e tudo que dele constar deve ser passível de apreensão jurídica, com efeitos precisos na estrutura e na textura complexa do negócio.

(ii) *Termos definidos* (*defined terms*): todos os contratos convencionam, cuidadosamente, a linguagem adotada. Na abertura do contrato as partes estabelecem cláusulas de interpretação, de referência

---

[77] O problema do custo de negociação é bastante sensível no mercado brasileiro que envolve o ramo das alienações de controle, pois padece-se, no Brasil, de verdadeiro desequilíbrio competitivo entre intermediários e partes secundárias nos serviços que cercam o negócio de alienação de controle. Mais especificamente sobre um modelo de custo de negociação em intermediários financeiros que operam o custo do dinheiro em universo imperfeitamente competitivo com uma certa taxa de inflação, vide WILLIAMSON, Stephen. *"Transaction Costs, Inflation, and the Variety of Intermediation Services"*, *In Journal of Money, Credit and Banking*, vol. 19. Columbus: Ohio State University Press, Novembro de 1987; pp. 484-498.

[78] Sobre as técnicas de redação dessas cláusulas, vide THOMPSON JUNIOR, S.C., Op. cit.; pp. 774 e segs.

cruzada, função das rubricas ou cabeçalhos das cláusulas e limitação para interpretação no emprego de termos restritivos como *"to the best knowledge of"* [*segundo o seu melhor conhecimento*], *"best efforts"* [*melhores esforços*], *"commercially reasonable efforts"* [*esforços comercialmente razoáveis*] ou amplificativos como *"without limitation to"* [*não se limitando a*], *"including but not limited to"* [*incluindo e não se limitando a*].

(iii) *Descrição do objeto do negócio (Stocks description)* e *descrição da alienação (Stock sale)*: os contratos trazem a descrição completa da quantidade, do valor e da forma (escritural ou não) dos valores mobiliários envolvidos no negócio, bem como uma descrição suscinta das regras para efetivação da transferência (transcrição em livro, notificação para o agente de custódia, aditamento de contrato social etc.).

(iiii) *Preço* e *regras de ajuste (price* e *price adjustment)*: os contratos trazem o preço do negócio, muita vez, expressos em complexas fórmulas ou contas gráficas. Há situações em que o preço é definido e sujeito a ajustes ou compensações com valores depositados em garantia do comprador, para abatimento de contingência e superveniências não previstas pelas partes. Em algumas situações, há disposições sobre a logística para o fechamento e para as próximas fases, caso o desembolso fique atrelado a alguma condição suspensiva.

(v) *Condições (conditions precedent)*: as partes, com frequência, estabelecem condições para o efetivo desembolso, com a criação de contas garantia (as *escrow accounts*)[79], bem como alguns termos finais resolutivos. Essas condições têm natureza evidentemente de *condições suspensivas*.

(vi) *Declarações e cláusulas representativas-enunciativas (representations and warranties* ou *"snapshot"*): trataremos mais detidamente deste assunto no próximo item deste trabalho.

(vii) *Obrigações (covenants, commitments* ou *undertakings)*: tratam-se, em sua grande maioria, de obrigações de fazer e obrigações de não-fazer, relacionadas e em referência cruzada com as cláu-

---

[79] Sobre as *escrow accounts*, vide acima observações na Nota 2.

sulas representativas, o preâmbulo e as condições e termos para o fechamento.[80]

(viii) *Indenizações (indemnification clause)*: é uma das cláusulas mais disputadas em negócios de alienação de controle, ao lado das cláusulas enunciativas. É com base nesta cláusula que o planejamento de sucessão de um alienante para um adquirente do controle é construído. Os procedimentos para notificação de contingências, passivos ocultos ou ativos subavaliados são previamente estabelecidos, com prazos para ciência, resposta, providências, descontos ou execuções de garantias, ajustes de preço ou prestações vincendas e demais fluxos de pagamento em um período de transição de controle e possível intertemporalidade das responsabilidades assumidas. Nessa cláusula também se estabelecem prazos bastante exíguos de decadência para o exercício do direito de regresso, normalmente relacionados a alguma preclusão processual que envolver a contingência a ser arguida no regresso.

(viiii) *Resolução (termination)*: trata-se da cláusula que regula as hipóteses de resolução, rescisão e multas aplicáveis pelo desfazimento do negócio (*cláusula penal*). Podem estar, como veremos adiante, diretamente ligada ao teor das cláusulas enunciativas, se do negócio decorrer dolo ou erro substancial na formulação dos enunciados. Em alguns casos são formuladas dentro do conceito de *condições resolutivas*.

(x) *Condições gerais (miscellanous* ou *general provisions)*: nesta seção do contrato várias cláusulas gerais e muito comuns se fazem presente, como, (a) previsão de *due diligence complementar*, (b) restrições concorrenciais (*non competition clauses*), (c) notificações, endereços e contatos dos representates da partes, (d) tolerância (*waiver*), (e) forma de aditamento (*amendments*), (f) cessão para terceiros (*assignment*), (g) invalidade parcial (*severability*, geralmente desnecessárias perante o direito brasileiro à luz do disposto no artigo 184 do Código Civil), (h) linguagem, (i) lei aplicável, (j) foro de eleição e arbitragem (*cláusula arbitral*, normalmente elegendo foro para medidas reputadas urgentes e fora da competência arbitral estabelecida pela Lei nº 9.307/96).

---

[80] Sobre as *Covenants*, vide FREUND, J. C., Op. cit.; p.155.

3. ASPECTOS ESPECÍFICOS

Vale ainda lembrar que os CCV ainda trazem duas cláusulas muito importantes, cuja análise permite-nos seguir e voltar para as questões técnicas a respeito da alienação de controle como negócio jurídico complexo, a saber, a chamada cláusula de novação e renovação das obrigações (sugestivamente chamadas de *entire agreement*) e a cláusula de sigilo (ou confidencialidade, a chamada *confidentiality clause*).

As cláusulas de renovação e reafirmação do compromisso geralmente expressam, de forma uniforme em todos os contratos, uma redação algo semelhante aos seguintes dizeres: "Este contrato supera e se sobrepõe a todos e quaisquer outros documentos, discussões e avenças (orais ou escritas) anteriores entre as partes com relação ao objeto deste contrato, expressando os entendimentos únicos, finais e completos quanto às obrigações recíprocas previstas neste instrumento. Este contrato e as obrigações aqui previstas extinguem quaisquer obrigações anteriores, exceto aquelas obrigações sobreviventes expressamente previstas e reafirmadas neste instrumento."

No que se refere à cláusula de sigilo, as partes reformulam, reafirmam e frequentemente modificam alguns prazos e limitações anteriormente previstas no acordo de sigilo assinado inicialmente no projeto, novando algumas obrigações antes insertas em acordo de sigilo.

Nota-se que, sem exceção, quase todos os CCVs contém essas cláusulas. Essas cláusulas, sobretudo a cláusula de renovação ou de *inteiro acordo* ou *avença total*, subsumem-se, em nosso direito, ao artigo 360, I do Código Civil.[81] É de fundamental importância que as partes novem todas as obrigações e, dialeticamente, procurem sintetizar as fases anteriores do processo obrigacional em um instrumento ou conjunto de instrumentos que levantem e salientem todas as características do processo formativo das obrigações convencionadas.[82]

---

[81] Critica-se, *de lege ferenda*, a imprecisa redação do mencionado artigo que fala que há novação "quando o devedor contrai com o credor nova dívida...", sendo mais prudente se o texto adotasse a redação "quando o devedor contrai com o credor *nova obrigação*...".

[82] As questões que envolvem os problemas a respeito da *cláusula de renovação* nas alienações de controle são questões tão ou mais complexas do que as aqui apresentadas e, talvez, demandariam uma monografia destas dimensões. É de extremo valor o estudo de Kevin Davis sobre o tema, ventilado no universo de valores jurídicos da *common law* estado-unidense e canadense ("Licensing Lies: Merger Clauses, the Parol Evidence Rule and Pre-Contractual Misrepresentations", *In Valparaiso University Law Review*, vol. 33, n. 2, Valparaíso, IN: Valparaiso University Law Review, Maio de 1999; especialmente pp. 489-492 sobre as

"*merger clauses*"). Em resumo, o problema central decorre do próprio conceito de novação, historicamente analisado, *vis-à-vis* o seu mecanismo intrínseco novativo que permite retirar do mundo jurídico toda uma estrutura obrigacional que antecede à novação. Grande parte da doutrina certamente oporia questões centrais à noção de que a cláusula de renovação das obrigações teria o poder de *sintetizar* fases anteriores do processo obrigacional.

Esta questão atinente à novação diz respeito, em princípio, aos próprios elementos técnicos que autorizam uma novação ou uma renovação das obrigações, ou, simplesmente, a confirmação de obrigações anteriores, cumulativamente (artigo 361 do Código Civil). Como se vê, essa questão gira toda em torno do vetusto conceito introduzido pelo próprio JUSTINANO em Constituição transcrita no Codex VIII, 42, 8 ("*... et generaliter definimus uoluntate solum esse, non legge nouandum...*" ["E como regra geral definimos seja a vontade unicamente, não a lei, causa para novação", traduzimos livremente]). Trata-se do *animus nouandi*. Na estrutura do direito antigo, a novação se operava de forma completamente objetiva mediante a presença de quatro elementos, a saber: a *prior obligatio*, a *posterior obligatio*, o *idem debitum* (que é a total identidade do primeiro débito com o segundo) e o *aliquid noui* (que é representado pelo fato novo ou evento novativo). Na passagem do direito antigo para o justinianeu, o *idem debitum* cede largo espaço para um elemento altamente subjetivo e que, na evolução, informará todo o conceito de novação segundo entendem os pandectistas, a saber, o *animus nouandi*, ou, simplesmente, a *vontade de novar* (sobre a evolução dos elementos da novação no direito romano, vide (MOREIRA ALVES, José Carlos. *Direito Romano*, vol. II, 5ª ed.. Rio de Janeiro: Forense, 1995; pp. 101-108).

A novação articulada por um ânimo novativo obscurece a função sintética que as obrigações sucessivas podem ter em processos obrigacionais, como é o caso das alienações de controle. Doutrinariamente, muitos e respeitáveis juristas entendem que na novação há duas relações jurídicas distintas, seccionadas pelo ânimo de novar, qual seja, a *prior obligatio* e *posterior obligatio* (nesse sentido, vide PONTES DE MIRANDA, Francisco Cavalcanti *Tratado de Direito Privado*, Tomo 25, 3ª ed.. Rio de Janeiro: Borsoi, 1971; p. 70 [§ 3.029, 1]; MESSINEO, Francesco. *Manuale di Diritto Civile e Commerciale*, Vol. III, 9ª ed.. Milano: Giuffrè, 1957; p. 524 [§ 127, 3] e DE CUPIS, Adriano. *Instituzioni di Diritto Privato*, 2ª ed.. Milano: Giuffrè, 1980; p. 310, para ficarmos apenas com três excelentes exemplos). Para PONTES, o vínculo obrigacional "não perdura", mas "é substituído instantaneamente" (Idem, ibidem).

Entretanto, há boa e considerável parte da doutrina que entende que há, na novação, uma substituição de obrigações que permite a manutenção do vínculo obrigacional, pelo simples fato de que a novação é modo de extinção das obrigações sem pagamento. Essa afirmação vale para as novações objetivas, em que não há alteração de partes. Capitanea essa posição, entre nós, CARVALHO DE MENDONÇA, nestes termos: "A nova obrigação é que extingue a precedente, não como equivalente da *solutio*; mas por substituição. Não é a *solutio*, pois que esta implica a inteira extinção do *vinculum iuris*, enquanto que na novação este perdura, embora sob forma diferente. É um extinção relativa, porque a essência da novação é ser liberatória e obrigatória" (CARVALHO DE MENDONÇA, Manoel Ignácio. *Doutrina e Prática das Obrigações* ou *Tratado Geral dos Direitos de Crédito*, Vol. I, 2ª ed.. Rio de Janeiro: Francisco Alves, 1911; p. 604 [§ 341]). Nesse mesmo sentido, extrai-se das lições dos MAZEAUD (MAZEAUD, Henri; MAZEAUD, León & MAZEAUD, Jean. *Leçons de Droit Civil*, Tomo 2, Vol. 1, 6ª ed.. Paris: Montchrestien, 1978; p. 1203 [§ 1.229]) a seguinte afirmação: "*dans une certaine mesure*

3. ASPECTOS ESPECÍFICOS

No CCV as partes dão a declaração de vontade negocial final e vinculativa. Antes da assintura desse documento, a vontade ainda está em formação e até que se assine o CCV, pode-se dizer que a vontade não está declarada, para fins de direito das obrigações. Todo o trabalho preparatório e anterior que traz as partes para a assinatura de um CCV (conjuntamente com outros instrumentos acessórios, os *ancillary agreements*, quando houver) se destina, basicamente, a dois propósitos: (i) convenção, delimitação, identificação e precisão do objeto do contrato (*enunciações*), do objeto do direito (*controle*) e do objeto do negócio (*valores mobiliários*) e, (ii) precisar a *estrutura dos elementos fáticos procedimentais*[83], manipulando[84], na linguagem, os seus conceitos e limites.

l'ancienne obligation se survit dans la nouvelee" ("em certa medida, a obrigação anterior sobrevive na nova" – traduzimos livremente). Essa estrutura reconhece resquícios do mecanismo do *idem debitum* em novações contemporâneas, reconhecendo que, se não identidade total de obrigações, pelo menos uma substituição deve haver. No caso das alienações de controle, em que há novação de algumas obrigações e renovação de outras, essa característica alertada por CARVALHO DE MENDONÇA e os MAZEAUD se sobressai.

Em um trabalho que envolva a análise do papel da novação oriundo da cláusula de *entire agreement* de instrumentos de alienação de controle, pende ainda, necessariamente, que se avalie o funcionamento da novação quando esta for emitida *sob condição ou termo*, mecanismo bastente utilizado em processos de alienação de controle sujeitos a aprovação regulatória. Nesse sentido, a análise de uma novação objetiva sem substituição das partes como mecanismo de síntese do processo obrigacional, sem quebra ou modificação do vínculo obrigacional existente desde o primeiro contato entre as partes, parece ser o mais plausível para se entender o mecanismo jurídico que subexiste por trás das cláusulas de *renovação das obrigações*. Entender que a cada fase do processo há novo vínculo com desfazimento total do anterior é contrariar o que é feito. Da mesma forma, cumular obrigações sem efeito novativo é limitar os mecanismos disponíveis para negociação. Sendo assim, este problema da novação diante de uma doutrina que assuma as alienações de controle como complexos processos obrigacionais pode, ainda, comprometer sensivelmente os meios de prova de cumprimento ou renovação das obrigações, que nos tornam às doutrinas dos artigos 212 a 232 do Código Civil.

[83] Alguns chamam de *suporte fático* ou, como diz BETTI, *fattispecie*, na linha do *Tatbestand* dos alemães, trazido por PONTES DE MIRANDA. Há de se falar sobre esta opção vocabular logo abaixo.

[84] O termo "manipulação" aqui é empregado em sentido técnico, na exata acepção que lhes conferem os semioticistas greimasianos. Sobre o conceito e a função da *manipulação* em discurso como elemento gerador de sentido, sobretudo sobre a chamada *manipulação dialética*, vide GREIMAS, Algirdas Julian (*Semiótica do Discurso Científico – da Modalidade*, trad. de Cidmar Teodoro Pais. São Paulo: DIFEL, 1976; pp. 34-35); BARROS, Diana Luz Pessoa de (*Teoria do Discurso – Fundamentos Semióticos*, 3ª ed.. São Paulo: Humanitas, 2002; pp.135 e segs e *Teoria Semiótica do Texto*, 3ª ed.. São Paulo: Ática, 1997; pp. 62 e segs.) e FIORIN, José Luiz (*Elementos de Análise do Discurso*, 7ª ed.. São Paulo: Contexto, 1999; pp. 52 e segs.).

Neste passo, admitindo a complexidade do negócio que forma e modifica uma realidade de controle societário por meio de sua alienação ou cessão, impossível não lembrar das palavras de BETTI sobre os negócios jurídicos complexos de *formação sucessiva*, para entender como se opera a unidade de um processo de alienação de controle a partir de um CCV: "A unidade do negócio não é assim comprometida do que pelas singulares declarações reunidas na unidade do negócio a produzirem consequências jurídicas a si mesmas, quando essas consequências sejam de caráter secundário, preliminar e preparatório ao negócio, desde que os efeitos jurídicos propriamente correspondentes aos fins do negócio, estejam coligados unicamente ao complexo das declarações assim reunidas".[85] E o exemplo, logo utilizado por BETTI para ilustrar a sua concepção, é lapidar e se ajusta bastante ao tema aqui discutido: "Por exemplo, não é obstáculo à unidade do contrato, nas recíprocas declarações que nele constarem – proposta e aceitação –, o fato da proposta gerar, só por si, um vínculo preliminar para o proponente, no sentido de que se coloque na necessidade (ônus) de ter de revogá-la, se não quiser que, com a superveniência da aceitação, se aperfeiçoe o contrato (arts. 1.328, 1.329 do Código Civil Italiano). Trata-se de um efeito puramente preparatório, já que é certo que a proposta e a aceitação são complementares e só reunidas de forma conjunta produzem os efeitos correspondentes à sua destinação".[86]

Imprescindível termos em mente que, apesar da simplicidade do exemplo, a estrutura do raciocínio se encaixa com facilidade no universo fático e pragmático descrito nas linhas anteriores deste singelo trabalho. Nota-se que o negócio de alienação de controle é um negócio jurídico complexo, cuja unicidade depende de uma quantidade grande de

---

[85] Idem, Op. cit.; p.298 (§37), constando assim do original: *"L'unità del negozio non è compromessa da ciò che le singole dichiarazioni congiunte nell'unità del negozio producano conseguenze giuridiche a sé stanti, quando queste consguenze siano di carattere secondario, preliminare e preparatorio del negozio, purché gli effeti giuridici propriamente rispondenti alla destinazione del negozio siano ricollegati unicamente al complesso delle dichirazione insieme reunite".*

[86] Idem, ibidem. Cf. original: *"Per esempio non è di ostacolo all'unità del contratto, nelle reciproche dichiarazioni di cui esso consta – proposta e accetazione –, il fatto che la proposta generi da sola un vincolo preliminare pel proponente nel senso che essa lo mette nella necessità (onere) di doverla revocare, se egli no vuole che, col sopravvenire dell'accettazione, si perfezione il contratto (artt. 1328, 1329, cod. civ.). Si trata di un effetto puramente preparatorio, laddove è sicuro che proposta e accettazione sono complementari e solo insieme riunite richiamano gli effeti respondenti alla loro destinazione".*

3. ASPECTOS ESPECÍFICOS

declarações recíprocas anteriores, fluxo intenso de informações sobre o negócio e o objeto do direito, sendo preliminares todas e quaisquer providências que antecedem o CCV, sem dele estarem totalmente desvinculadas, por força da cláusula de renovação. A natureza das condições para o nascimento de aceitação inquestionável, como vimos, não depende só do fato que envolve a chegada da proposta em mãos do destinatário. A aceitação se forma com a superveniência das fases posteriores do processo e o encaixe da realidade do objeto do direito com as expectativas do adquirente, transformados nos documentos respectivamente em *declarações enunciativas* e *condições*.

Sendo as condições a tradução técnico-jurídica das expectativas do adquirente e o fluxo de informações uma tarefa que cabe a ambas as partes, notamos que os negócios de alienação de controle consideram-se atos de *complexidade subjetiva*, pois para sua finalização dependem inteiramente da participação e de declarações (volitivas e enunciativas-representativas) de ambas as partes em formação sucessiva[87]-[88], para imprimir-lhe a objetividade jurídica necessária para a segurança dos negócios.

Há, nos negócios de alienação de controle uma responsabilidade recíproca sobre a formação da vontade do outro e, nesse sentido, as partes literalmente constróem no instrumento de alienação o *objeto do direito* (controle), por intermédio das declarações enunciativas (*reps & warranties*), do preâmbulo (*recitals*) e das provisões indenizatórias, com referência expressa ao resultado das investigações preliminares anteriores, qual seja, ao procedimento de *due diligence* e outros meios de provas e evidenciação. A convenção sobre a metafuncionalidade objetiva é o principal escopo do fluxo temporal dos trabalhos que compreendem a análise das informações preliminares, do processo de avaliação (*valuation*), do condicionamento de uma proposta indicativa, da negociação das minutas de contratos e do CCV até a sua assinatura, seguindo, depois, do fechamento às providências pós-conclusivas, que podem perdurar por anos e até lustros.

---

[87] BETTI, E. Op. cit.; pp.127-130.
[88] Vide RáO, Vicente. *Ato Jurídico*, 4ª ed.. São Paulo: Revista dos Tribunais, 1997; pp. 59-60.

3.3. Qualificação jurídica das cláusulas com declarações enunciativas ou representativas nas formas do direito brasileiro e estado-unidense

3.3.1. *Conceito e Características*

Uma cláusula com declarações enunciativas do tipo *Representations and Warranties* é dotada de peculiaridades que a diferencia de outras espécies de declarações enunciativas ou representativas. Guilherme PEREIRA lembra que as *representations* são declarações sobre fatos e circunstâncias que devem ser verdadeiras tanto no momento anterior quanto no momento exato em que as partes convencionam e o instrumento é assinado. São declarações sobre o passado e o presente. Já o conceito de *warranties* dirá respeito à precisão e a certeza do fato num certo período de tempo que pode compreender uma data futura. Portanto, seriam declarações sobre o passado, o presente, e, eventualmente, um momento superveniente da negociação.[89] Essas diferenças sutis, todavia, são irrelevantes para os resultados que se colimam com a construção de semelhantes enunciados.

As declarações enunciativas podem, nesse contexto, ser tratadas em quatro grupos distintos, a saber:

(i) Declarações referentes aos sujeitos: estas são declarações que afirmam sobre a capacidade das partes, de seus representantes, a regularidade na outorga de poderes, a legitimidade das assinaturas, a identidade dos sujeitos, a regularidade na constituição das partes (quando se tratar de pessoa jurídica), a regularidade de seu funcionamento (no que tange às autorizações governamentais para funcionar), a regularidade das autorizações internas e externas. Qual seja, em cotejo com a investigação sobre a regularidade da formulação e declaração da vontade negocial, as partes enunciam que quem formula e declara vontade negocial tem *poder jurídico* para fazê-lo.

---

[89] PEREIRA, G.D.C. Op. cit.; pp.104-113. Nesse mesmo sentido, vide ENEI, José Virgílio Lopes. *Project Finance: financiamento com foco em empreendimentos (parcerias público-privadas, 'leveraged buy-outs' e outras figuras afins)*. São Paulo: Saraiva, 2007; p. 232. Nesse mesmo sentido, vide PONTES DE MIRANDA, Francisco Cavalcanti. *Tratado...*, Tomo 2 (cit.); p. 457 (§ 233) sobre o tempo em que se faz a referência a um enunciado comunicado ou declarado, podendo, igualmente, referir-se ao passado, ao presente e ao futuro; notabilizando-se as declarações sobre o presente quando há "afirmação das qualidades da coisa pelo alienante" (Idem, ibidem).

3. ASPECTOS ESPECÍFICOS

(ii) Declarações referentes a terceiros: são os enunciados que asseguram reciprocamente que a declaração de vontade negocial não afeta direitos de terceiros (não viola outros contratos, regras, leis, estatutos, ordens governamentais, ordens judiciais ou outras declarações preceptivas). Neste particular, em cotejo com a investigação sobre a regularidade da formulação e declaração negocial, as partes enunciam que o exercício do *poder jurídico* que contempla a declaração negocial não está maculado por nenhum tipo de obstáculo externo à relação bi-polar constituída na linguagem do instrumento. Em outras palavras, as partes enunciam que o negócio está livre de *erros obstativos* e que não haveria objeções para que as declarações de vontade negocial se encontrassem em uma nova realidade modificativa, por meio do CCV.

(iii) Declarações referentes ao objeto do instrumento (ações): enuncia-se que os bens que compõem o negócio instrumentalizado, a saber, as ações, são bens regularmente desembaraçados, legitimamente detidos pelo vendedor e objetivamente passíveis de uma transferência regular e voluntária. A regularidade da formulação e declaração negocial, aqui, se completa com o enunciado de que aquelas ações são precisamente o instrumento que transferirá ao adquirente o objeto do negócio pretendido, sem qualquer condição, ônus ou requisito adicional além daqueles previstos na lei para a regular transferência dos valores mobiliários. Qual seja, o objeto do instrumento contém o objeto do negócio e aquele, juntamente com este, transfere-se para o adquirente num único ato e sem a superveniência de outros ônus que não aqueles declarados no contrato ou expressos na lei.

(iiii) Declarações referentes ao objeto do negócio (controle): com a transferência das ações assegura-se o controle de uma determinada organização empresarial. A especificação, a individualização e a determinação dessa organização empresarial onde o controle (objeto do negócio) será exercido é precisada em uma série de declarações que limitam a individualização dessa organização empresarial conforme uma realidade convencionada pelas partes. Fora dessa convenção, aplicam-se as regras de sucessão às quais pode haver trânsito de responsabilidades remotas entre as partes, seja por meio do regresso, seja por meio do ajuste de preço. Essa realidade convencionada individualiza o objeto do negócio à luz de todo o fluxo de informações trocadas, aceitas e convencionadas pelas partes como constituintes ou elementos do objeto do negócio, por se tratar de uma decorrência da estrutura dos elementos fáticos do procedimento que está sendo culminado naquele ato. Esses enunciados exporão as condições presentes da companhia emissora das ações sobre as quais o controle é exercido. Falam, também, sobre a regularidade, acuracidade, precisão e legitimidade das demonstrações financeiras; a ausência de um estado de insolvência oculto, a regularidade na condução pretérita da organização empresarial, confirmando a ausência de contingências ocultas "materialmente adversas"; listam os ativos, apresentando todos os contratos relevantes; listam o passivo incluindo todas as ações e procedimentos arbitrais em curso, expondo a existência de algum descumprimento voluntário ou involuntário da legislação que comporte risco ou contingência adicional não contabilizada, com a regularidade da contabilização do passivo e das obrigações futuras, incluindo as de natureza trabalhista, previdenciária e fiscal; enunciam outras questões fiscais e planejamentos que possam influir na avaliação do risco contingencial do resultado da companhia, refletindo no lucro líquido por ação, além de outras obrigações específicas em certos ramos do negócio que podem oscilar entre contingências ambientais, regulatórias ou consumeiristas. Estas declarações desta quarta categoria são precisamente as declarações que definem o objeto e convencionam a precisão entre as partes, nos termos do artigo 219 do Código Civil.[90]

Na formulação dos enunciados, as partes elaboram em linguagem técnica, simples e direta, quais os elementos que compõem o enunciado

---

[90] ENEI, J.V.L. (Idem, Ibidem, nota 409), com apoio em HOFMAN, lembra que as espécies de *representations and warranties* totalizariam vinte e nove espécies ou categorias. Entretanto, ao nosso ver, a multiplicação das formas não invalida a classificação acima proposta, que tem foco mais estrutural e menos teleológico.

3. ASPECTOS ESPECÍFICOS

ou a declaração representada[91]. O desdobramento exemplificativo e exaustivo desses elementos em espécie é remetido para um anexo específico do contrato. Por exemplo: o alienante, ao enunciar que a companhia tem contra si apenas oito ações judiciais e três procedimentos arbitrais cujo valor envolvido supere dez reais, e que as demais demandas de contencioso abaixo desse valor, se somadas, não superam quinze reais, refere-se a uma lista, em anexo ao CCV, com a descrição simples (partes, foro, número dos autos) das oito ações e dos três procedimentos arbitrais deste exemplo. Normalmente, essas ações foram objeto de exame na fase de *due diligence* e os valores de corte aqui hipoteticamente estabelecidos de "dez reais" e "quinze reais" foram objeto de um processo de avaliação (*valuation*) que contemplou, dentre outros dados, qual o valor dessa contingência se reflete no preço ofertado para o alienante. Em alguns casos, não raros, o alienante influi no estabelecimento desses "valores de corte" que constarão de uma declaração por ele formulada, para fins de estabelecimento de *responsabilidades remotas* e *mecanismo de regresso* entre as partes, sem que os direitos dos terceiros sejam afetados. No caso deste exemplo, os terceiros seriam os litigantes e contrapartes nessas ações e procedimentos arbitrais. O alienante, para influir no estabelecimento dos "valores de corte" faz, por seu turno, avaliações segundo seus critérios e nesse confronto, trabalha para argumentar perante o adquirente, na negociação, sobre o estabelecimento de critérios menos conservadores e mais favoráveis a uma avaliação mais positiva da demanda, que possa, indiretamente, influir no preço final de aquisição das ações e no critério utilizado para contabilizar a demanda como "provável", "possível" ou "remota". O propósito dessa construção, conforme se verá, é voltado para a regularidade do negócio jurídico livre de vícios.

---

[91] É interessante analisar e quase impossível discordar da notícia prática que Sérgio Botrel (Op. cit., Idem, pp. 255-256) nos dá em relação às práticas de redação na estruturação das cláusulas enunciativas. Na modulação dos interesses que oscilam entre a necessidade de solidez por parte do adquirente e a aspiração a uma linguagem mais informativa por parte dos alienantes, aquilo que normalmente deveria ser fácil, torna-se tortuoso, complexo e desgastante: praticamente uma batalha semântica entre os assessores onde, muita vez, negócios são abertos e desfeitos por desentendimento de estrutura redacional. Bem pensado, Botrel sugere: "Independentemente de se estabelecer um caráter meramente informativo ou sólido e concreto nas declarações e garantias, o que se mostra mais importante, por conferir às partes segurança jurídica, é estabelecer contratualmente os efeitos da quebra de uma declaração" (p. 256).

Sendo essas as características e a forma pela qual as declarações enunciativas se dão, incumbe-nos investigar, então, o seu conceito. De maneira assaz precisa e percuciente, o Prof. SALOMÃO FILHO, em uma de suas glosas à notável obra de COMPARATO[92], define as cláusulas representativas como uma exaustiva descrição das "qualidades prometidas do objeto (a organização empresarial)"[93]. Já Guilherme D. C. PEREIRA lembra que "essas declarações devem na sua maior parte ser analisadas como elementos que completam a descrição do bem objeto do contrato".[94] Ángel CARRASCO PEREIRA as define como assunções contratuais de partilha de riscos (*asignaciones contractuales de riesgos*)[95].

De uma forma ou de outra, dois elementos se salientam quando se debate sobre a qualificação jurídica das *representations and warranties clauses* ou cláusulas representativas, a saber, (i) a sua indelével vinculação com as partes, os terceiros vinculados ao objeto do negócio, o objeto do instrumento e, sobretudo, o próprio objeto do negócio (e, *data maxima venia*, não com o objeto do contrato, como afirma acima Guilherme D. C. PEREIRA), seja para descrevê-lo, seja para precisá-lo, mas, de modo geral, com a função de *convencionar sobre o objeto do negócio* e demais elementos e, (ii) a sua intuitiva marca preventiva em relação aos vícios de vontade do comprador, sejam eles causados por erro ou por dolo, sejam eles de natureza anulatória, resolutiva ou meramente indenizatória.

Neste binômio *convenção do objeto* e *prevenção de vício de vontade*, as cláusulas representativas são intuitivamente construídas, redigidas e invocadas em sua validade e eficácia. Para melhor apreender a sua forma, com suas características e conceito central, é necessário que aclaremos ainda mais a estrutura do negócio jurídico em que ela está contida.

O negócio jurídico de alienação de controle é indiscutivelmente um negócio jurídico que articula as declarações de vontade do comprador e do vendedor a uma série de enunciados formais trazidos no instrumento que opera essa alienação e que são resultantes de um processo anterior que definiu e convencionou sobre a forma e as características de seu

---

[92] Op. cit.; p. 278.

[93] No mesmo sentido, vide PEREIRA, G.D.C., Op. cit.; p. 105.

[94] Idem, ibidem.

[95] Ángel CARRASCO PEREIRA, "*Manifestaciones y garantías y responsabilidad por incumplimiento*", *In Fusiones y Adquisiciones de Empresas* [coords.: José Maria Álvarez Arjona; Ángel Carrasco Pereira]. Alcano, Navarra: Aranzadi/Thompson, 2004, p. 267.

objeto, como já pudemos ver acima. A veracidade que define o objeto é uma convenção inter-subjetiva havida entre comprador e vendedor, podendo coincidir com a verdade material da atividade organizativa da empresa ou não. Essa veracidade relativa e inter-partes, prevista no Código Civil Brasileiro em seu artigo 219, é uma articulação técnica entre vontade declarada e enunciados descritivos.

Para proceder a essa articulação entre vontade declarada e enunciados descritivos, estes normalmente são colocados de forma exaustiva no instrumento com o fim primeiro de precisar e descrever a *estrutura dos elementos fáticos procedimentais* sobre o quais as normas prescritivas incidirão.

Aqui, uma pequena digressão se faz necessária. Doutrina de renome estrutura o negócio jurídico segundo a regular entrada de certos fatos em um certo "mundo jurídico", dominado por regras e preceitos abstratos. Esses fatos são chamados de *suporte fático*. Alguns o chamam de *fatispécie*, lembrando o italiano *fattispecie*. Mas a maioria adota a linguagem *suporte fático*, em correlação com o alemão *Tatbestand* e em conformação como espanhol *supuesto de hecho*, tudo girando em torno do *facti species* latino, conforme notícia do Prof. Antônio JUNQUEIRA DE AZEVEDO.[96] O suporte fático, ao receber o aval da norma jurídica, entra no mundo jurídico como fato jurídico e determina, nesses fatos vistos como um todo, os efeitos jurídicos que operarão naquela relação jurídica. Se desse suporte fático contém declaração de vontade, a entrada desse suporte fático no "mundo jurídico" direcionará esse suporte fático para a categoria específica do *negócio jurídico*, que passa a ser um suporte fático consistente em uma declaração de vontade com fito de "produzir efeitos jurídicos em nível de igualdade"[97]. Esse modelo, reputado à inteligência de PONTES DE MIRANDA,[98] entre nós, domina a compreensão da formação do negócio jurídico.

---

[96] AZEVEDO, A. J.. Op. cit.; p. 12.

[97] A hipótese de conceito é de AZEVEDO, A.J. (Op. cit., p. 25). Nesse mesmo sentido, vide, do mesmo autor, *Negócio Jurídico – Existência, Validade e Eficácia*, 4ª ed.. São Paulo: Saraiva, 2002; pp. 15 e segs (§3º).

[98] PONTES DE MIRANDA, Francisco Cavalcanti. *Tratado...* Tomo 1 (cit.); pp. 19 e seguintes (§7 a 13, sobretudo, 22 a 32 e 39 a 42), bem como no já citado e interessantíssimo "Prefácio" para a mesma obra (pp. IX a XXIV). Vide também MELLO, Márcio Bernardes. *Teoria do fato jurídico*, 6ª ed.. São Paulo: Saraiva, 1994; pp. 33-74, e, do mesmo autor a obra *Teoria do fato jurídico – plano da validade*, 4ª ed.. São Paulo: Saraiva, 2000; pp. 9-10.

Nota-se, nesse modelo, a premissa básica de orientação platônica que admite a existência de um "mundo jurídico", qual seja, um universo ideal de proposições jurídicas que franquea a entrada de certos fatos para que estes possam ter o poder de gerar efeitos particulares.[99] Aqueles outros fatos menores, irrelevantes ou mesquinhos, ficam de fora e não ganham, *a priori*, o "carimbo de entrada", a "coloração distintiva" ou o "selo de existência".[100]-[101] Dessa cunhagem que a regra jurídica produz no fato, o suporte fático, verdadeira tese, recebe o beneplácito antitético da regra ideal e abstrata, gerando sinteticamente os efeitos previstos na premissa maior antitética, a chamada regra jurídica, componente do mundo das ideias. Essa estruturação neo-hegeliana, sob forte influência da Pandectística germânica, enclausura a dogmática nacional brasileira na cela dos paradigmas legais que incidem sobre os fatos, numa operação de "causa-efeito" que permite que, *a priori*, fatos sejam ignorados de plano, pela sua suposta irrelevância na composição do suporte fático.

Para os tipos de negócio jurídico envolvidos em processos de alienação, não há fatos que o luxo das regras pode ignorar. Todos os fatos podem, em tese, compor o processo de formação da vontade negocial. A construção não é paradigmática, mas sintagmática.[102] Na superação de cada fase negocial, com a ocorrência de fatos negociais em sucessão, constrói-se, linearmente, o conduíte de declarações negociais que operará a modificação pretendida pelas partes. Regras e fatos operam concomitante e sucessivamente. Não há, na evolução do processo negocial, uma separação platônica entre regras e fatos, advogados e partes. As funções jurídica e negocial se combinam sintaticamente, num verdadeiro percuso gerativo de sentido jurídico.

---

[99] PONTES DE MIRANDA, F.C.. "Prefácio" *In Tratado...*, Tomo 1 (cit.); p. XXII.

[100] A terminologia metafórica é de PONTES DE MIRANDA (*Tratado...*, Tomo 1, cit.; p. 6) e de AZEVEDO, A.J. (Op. cit.); p. 12.

[101] Nesse sentido, até o exemplo de WINDSCHEID do patrão que manda o empregado escovar o seu terno (*apud* AZEVEDO, Op. cit.; p.20) pode ganhar relevância jurídica num contexto de *assédio moral*.

[102] A compreensão do sistema jurídico como um sistema sintagmático e associativo, em contraposição modelo incisivo, depende integralmente de um diálogo com a Semiologia, ainda não inaugurado em nossa *Juris-prudentia* de maneira séria e com enfoque prático relevante. Para o início desse diálogo, vide BARTHES, Roland. *Elementos de Semiologia* (tradução de Izidoro Blikstein), 4ª ed.. São Paulo: Cultrix, 1976; pp. 63 e segs.

3. ASPECTOS ESPECÍFICOS

A tão propalada "segurança jurídica", sabemos, não decorre de uma previsão geral abstrata contida em um suposto "mundo jurídico", mas da possibilidade de incidência de seus efeitos sobre fatos determinados. Portanto, a segurança jurídica é muito mais decorrência de uma possibilidade de repetição de um procedimento com a produção de mesmos efeitos, do que de uma pré-visão (previsão) abstrata sujeita a critérios incertos de eleição de paradigmas e categorias jurídicas. As regras jurídicas, nessa concepção gerativa e não platônica seriam representações formais de uma estrutura de repetição de procedimentos jurídicos, qual seja, um conjunto de efeitos possíveis decorrentes de regras formais de reescrita jurídica. Mas essa estrutura formal não opera fora de contexto e por isso, é constantemente integrada por um contexto de fatos em que as regras da reescrita jurídica permitem surgir forma particular e peculiar de negócio.[103] Trata-se, portanto, de uma construção *retórica*, no seu sentido aristotélico.

Retornando para o tema central, após essa breve digressão, considerando que a *estrutura dos elementos fáticos procedimentais* (dita por muitos como *suporte fático juridicizado* ou *fatos jurídicos*) que compõem o negócio de alienação de controle[104] resultam de um processo, como vimos acima,

---

[103] A estreiteza do espaço não permite que o diálogo se estenda, mas a estrutura orgância formal é assimilada do conceito de sistema proposto por Noam CHOMSKY, ao fundar a sua *gramática gerativa transformacional*, ao qual, nos parece, o direito não estaria isento de algumas de suas apreensões teóricas. Toda e qualquer formulação de sentido e, portanto, de efeitos preceptivos e enunciativos dependentes de atos de comunicação podem decorrer de sua proposta que, francamente, sabemos, não é a única, embora seja bastante segura. Nesse sentido, de CHOMSKY vide *Aspectos da Teoria da Sintaxe* (tradução de José António Meireles), 2ª ed.. Coimbra: Arménio Amado, 1978; pp. 28 e segs; bem como *Syntatic Structures*, 12ª reimpressão. The Hague: Mouton, 1976; pp. 49-60. Ainda sobre a teoria gerativa transformacional nas gramáticas sintagmáticas, vide RUWET, Nicolas. *Introdução à Gramática Gerativa* (tradução de Carlos Vogt), 2ª ed.. São Paulo: Perspectiva, 2001; pp. 120-126, 227-279.

[104] Após exaustiva pesquisa, não localizamos nenhum estudo que se debruçasse na análise da alienação de controle como suporte fático de ato ou negócio jurídico, tema central de nosso argumento. Entretanto, o notável estudo de MUNHOZ, E. S. (Op. cit.; pp. 221-225) faz importantíssimas digressões a respeito da consideração do controle como um suporte fático (ou "*fattispecie* delimitada", na linguagem do autor). Após analisar as orientações de Ascarelli e Champaud, com forte apoio em Comparato, MUNHOZ esclarece, a respeito da consideração do controle como fato juridicizável que "diante desse quadro, convém adotar uma orientação intermediária entre as duas correntes antes referidas, reconhecendo-se a possibilidade de uma noção unívoca de controle e a necessidade de atribuir-lhe uma definição jurídica, mas não se deixando de considerar as múltiplas formas de manifestação do fenômeno, que

em dependência estreita de uma combinação sucessiva e sintagmática desses mesmos elementos (fáticos e jurídicos), com o propósito de gerar um sentido jurídico e negocial transformativo, podemos concluir que os enunciados das cláusulas representativas compõem uma categoria específica que torna a declaração de vontade negocial intimamente vinculada àquele contexto de fatos, enunciados e minuciosas descrições. São, portanto, *obrigações jurídicas articuladas pelo princípio da boa-fé objetiva*.

BETTI nota que no campo do direito privado, as declarações enunciativas ou representativas podem se dar quando "um ônus de legalidade exige da parte, ao definir e identificar a matéria do negócio"[105], extamente como ocorre nas *representations and warranties* dos instrumentos de alienação de controle. Esclarece BETTI ainda que: "nas tratativas contratuais, a parte que sabe, ou deve saber (por um ônus de conhecimento), fatos ou circunstâncias que impedem uma válida conclusão do contrato, deve dar deles notícia à outra parte que os ignora"[106]. Para o conteúdo de algumas cláusulas representativas muito comuns em instrumentos de alienação de controle, BETTI lembra: "Quem conduz tratativas como representante sem ter os poderes, ou excedendo os limites das faculdades conferidas, deve fazer a contraparte ignorante saber sobre os defeitos ou os limites da procuração ou da autorização"[107].

Ainda de valor fundamental para as declarações enunciativas constantes de instrumentos de alienação de controle, BETTI esclarece que, "na conclusão de contratos destinados a uma regulamentação de interesses que importe a transferência ou a entrega de uma coisa, quando

---

suscitam problemas distintos, requerendo, por conseguinte, disciplinas jurídicas específicas" (p. 222, com nota de referência às observações de COMPARATO em *O Poder de Controle...*, ainda na edição da obra que não contemplava as glosas de SALOMÃO FILHO, nesse mesmo sentido). Vide, cfr. MUNHOZ em COMPARATO & SALOMÃO FILHO, Op. cit.; pp. 47 e 48 (§ 8).

[105] BETTI, E., Idem, p. 150 (§ 15), estando assim no original: "... *un onere di legalità esige dall parte nel definire e identificare la materia del negozio*".

[106] Idem, ibidem. Do original: "*Così, nelle tratative contrattuali, la parte che sa o deve sapere (per un onere di conoscenza) fatti o circostanze impdienti una valida conclusione del contratto, deve darne notizia all'altra parte che ne sia ignara*".

[107] Idem, idibem. Do original: "*Chi conduce tratattive quale reppresentante senza averne i poteri, o accedendo i limite della facoltà conferite, deve far palese alla controparte ignara il difetto o i limiti delle facoltà o dell'autorizzazione*". No sentido desse exemplo, esta seria uma declaração enunciativa acima explicitada por nós como pertencente à classe das declarações sobre os sujeitos e os poderes de representação (seja do controlador-vendedor, seja do interveniente anuente representante da companhia-alvo).

3. ASPECTOS ESPECÍFICOS

esta estiver afetada por vícios ou gravada por encargos ou vínculos, a parte a quem incumbe a transferência ou a entrega deve informar a contraparte, ignorante da anormal maneira de ser da coisa".[108]

Nota-se que em um certo nível de construção do conceito comum do objeto do negócio de alienação de controle, a parte alienante tem verdadeira *obrigação de informar*, seja por força dos detalhes que analisamos acima a respeito da função da *due diligence* na tarefa de equalização das informações sobre a coisa, seja por força do dever de boa-fé objetiva para evitar um negócio jurídico objetivamente viciado.[109]

3.3.2. *Breves notas históricas sobre enunciados e juramentos prestados no bojo de negócios jurídicos: o direito romano clássico, o direito romano justinianeu, as regras ordenativas coloniais, a pandectística germânica e o direito consuetudinário*

Sem prejuízo dessa precisa análise contemporânea empreendida por Betti, resta ainda sem muita clareza qual seria a precisa qualificação jurídica das *declarações enunciativas*. Não se explora, contemporaneamente, se sua natureza é de *pacto adjeto, estipulação* ou *assunção de dívida* (artigo 299 e seguintes do Código Civil Brasileiro)[110].

---

[108] Idem, ibidem. Do original: *"Nella conclusione di contratti diretti a un regolamento d'interessi che importi il transferimento o la consegna di una cosa, quando questa sia affeta da vizi o gravata di pesi o di vincoli, la parte cui incombe il transferimento o la consegna, dve far palese alla controparte ignara l'anormale modo di essere della cosa"*. Trata-se, aqui, dos enunciados a respeito do objeto do instrumento.

[109] Betti (Idem, ibidem) ainda lembra, a respeito dessa finalidade máxima da declaração enunciativa: "A função útil a que se destinam essas declarações representativas na elaboração do contrato segundo a fundamental exigência da boa-fé (1.337, 1.366, 1.375), é a de *informar* a outra parte contratante de alguns elementos da situação de fato que fogem do seu controle ou da sua atenção, e que costumam ter-se em conta para avaliar a conveniência da proposta regulamentação de interesses" [*"La funzione utile, cui sono destinate codeste dichiarazioni rappresentative nella elaborazione del contratto secondo la fondamentale esigenza della buona fede (1337, 1366, 1375), è quella d'informare l'altra parte contraente di taluni elementi della situazione di fatto che sfuggono al suo controllo o alla sua attenzione, e che sogliono esser tenuti presenti nel valutare la convenienza del proposto regolamento d'interessi"*]. Em nota a esse texto, Betti completa que "entre nós falta ainda um tratamento a este tema" [*"Da noi manca una trattazione di questo tema"*]. Ousamos acrescentar que, entre nós, brasileiros, também não há.

[110] Exceção feita a Pereira, G.D.C. (Op. cit.), p. 107.

Na investigação das origens clássicas[111], BETTI supõe ser decorrente da *demonstratio* romana, aquelas declarações enunciativas ou descritivas que têm a função de "elucidar e precisar o regulamento prescrito no seu conteúdo preceptivo, quer caracterizando-lhe os elementos (sujeito, objeto, modalidade), quer enquadrando-o na situação de fato que lhe serve de base (ex. 642, 2; 625; 626): função integrativa, de esclarecimento, que os romanos atribuíam à *demonstratio*"[112].

Já, Guilherme PEREIRA, ao associar certas cláusulas enunciativas a "verdadeira estipulação em favor de terceiro"[113], induz-nos a especular sobre a natureza de *stipulatio* nas cláusulas enunciativas.

---

[111] Lembrando da advertência de PONTES DE MIRANDA (*Tratado...*, Tomo 4, cit., p. 272, § 430, 1), que disse: "Grande mal resultou de se exporem os princípios do direito romano com os conceitos de hoje; maior ainda, de se expor o direito de hoje com os conceitos romanos", rememora-se aqui: a advertência do grande jurista é pertinente – o direito contemporâneo, analisado à luz do *Digesto* e de outros volumes do *Corpus* padece, muita vez, de anacronismo. Na busca, pelo método histórico, da precisa natureza jurídica das cláusulas enunciativas, pinçou-se, na pesquisa, tudo o que pudesse ser pertinente, por associação teleológica, à finalidade das cláusulas enunciativas modernas. Procurou-se, ao máximo, não se expor o direito de hoje no molde do direito romano, mas apenas e tão somente especular como essa forma pode ter evoluído e de onde pode ter-se originado. Se o pecado do anacronismo foi cometido, a sanção pela ousadia é, pois, merecida.

[112] BETTI, E. Idem; p. 151 (§ 15). Do original: "*Altre dichiarazione enunziative o descrittive, che s'inseriscono nel negozio, adempiono invece la funzione di dilucidare e di precisare il regolamento prescritto nel suo contenuto precettivo, sia caratterizzadone gli elementi (soggetto, oggetto, modalità), sia inquadrandolo nella situazione di fatto che há per base (es. 624, co. 2, 625, 626): funzione integrativa, di chiarimento, che i romani atrribuivano alla* demonstratio".

[113] Op. cit.; p. 107. Embora a hipótese de Guilherme PEREIRA seja sempre possível juridicamente, por questões fiscais e contábeis, não é exatamente o que se pratica em fases pós-conclusivas, sobretudo na administração das contingências pós-fechamento. As dívidas da companhia cujo controle foi alienado sempre serão dívidas da companhia e raramente passam para a esfera patrimonial direta do adquirente do controle, sem que haja uma assunção formal do débito. Essas dívidas sempre serão um *passivo* da companhia alvo. Elas só podem, sob o ponto de vista contábil e jurídico, ser transferidas para o adquirente do controle se houver uma assunção assentida pelo credor, nos termos do artigo 299 e seguintes. O mais comum é que, para saldar um passivo descoberto, o adquirente do controle capitalize o valor respectivo com emissão de novas ações para o bloco de controle e os cuidados para se evitar diluição, sem que o título dessa dívida circule diretamente no patrimônio do novo controlador. Os mecanismos de *regresso* e cessão de crédito passam a ser usados com uma ênfase muito maior do que a *estipulação em favor de terceiro* do artigo 436 do Código Civil, onde caberia caso o terceiro participasse da partilha de contingências estabelecidas nas cláusulas representativas dos instrumentos de alienação de controle havido entre adquirente e alienante, *ex vi* Parágrafo Único ao artigo 436 do Código Civil ("sujeito às condições e normas do contrato,

3. ASPECTOS ESPECÍFICOS

O histórico do direito brasileiro no tocante à construção dogmática e positiva de nosso direito privado é, resumidamente marcado por dois períodos: (i) o primeiro, que antecede aos estudos de TEIXEIRA DE FREITAS e à promulgação do Código Civil de CLÓVIS BEVILÁQUA em 1916, e tem as suas raízes bem traçadas no direito romano medieval de construção ordenativa e interpolada, marcadamente influenciada pelo

se a ele anuir...”). Desta forma, não nos parece razoável afirmar que “como consequência, o credor da sociedade cujas ações foram alienadas pode exigir diretamente do cedente o cumprimento da obrigação” (p. 107), nem tampouco afirmar que “se o cedente do controle for uma sociedade anônima, uma estipulação com esse conteúdo dependerá de autorização do conselho de administração, por se tratar de garantia prestada a obrigação de terceiro (artigo 142, VIII, da Lei n. 6.404/76), no caso, da sociedade anteriormente controlada” (idem). Há, nesse raciocínio, uma confusão entre obrigações que constituem o patrimônio da empresa-alvo, obrigações do novo controlador por força de sucessão patrimonial, obrigações regressivas do alienante do controle por força de passivo descoberto (*undisclosed liabilities* ou *undervalued assets*, estes, não podendo ser confundidos com “variações do ativo” mencionadas por Guilherme PEREIRA [p.107]), obrigações decorrentes do exercício do controle em si e obrigações decorrentes do estabelecimento do vínculo contratual da alienação de controle, enunciadas no CCV. Nesse sentido, coteje-se com a breve análise de FRANCESCHELLI (Op. cit.; pp.12-13) sobre os requisitos de conhecimento, notificação, aceitação e eficácia real desse tipo de transferência de obrigação, válidos tanto para as cessões, quanto para as estipulações e assunções. Lembre-se ainda a percuciente advertência de PONTES DE MIRANDA (*Tratado...*, Tomo 26, cit., p.228, § 3.157, 2): “A chamada *assunção de adimplemento* (Tomo XXIII, §§ 2.819, 1 e 2.820, 4), *na dívida*, não se tem como contrato a favor de terceiro (que seria credor). Se A promete a B satisfazer o credor de B, que é C, C não adquire qualquer direito contra A; sòmente B tem direito e pretensão. Nem houve assunção de dívida, nem estipulação a favor de terceiro”. Sobre a origem da estipulação em favor de terceiro na marca das *stipulatio*, por força das fórmulas baseadas na *sponsio, spondeo* (“Prometo!”), veja-se que não havia nessas *stipulationes* um conteúdo declarativo ou enunciativo-representativo, como ocorre com as cláusulas enunciativas atualmente oriundas dos pactos, dos juramentos e das *dictæ*, como visto acima. Nesse sentido, vide MOREIRA ALVES, J. C. (*Direito Romano*, vol. II, idem; pp. 158-165). Precisamente no contexto de um direito romano mais arcaico e formal, onde a nulidade somente poderia ser invocada por dolo, especula-se se a *stipulatio* incluía uma *cláusula de dolo* a fim de assegurar a integridade do bem e o fato de encontrar-se livre de vícios (*...spondes h. S. dari dolumque malum huic rei abesse? Spondeo!*), conforme nos dá notícia Vicenzo ARANGIO-RUIZ (*Responsabilità Contrattuale in Diritto Romano*, 1ª reimpressão, 2ª Ed.. Napoli: Jovene, 1987, p. 14) em relação aos negócios com servos e semoventes no direito arcaico. Contudo, essa *stipulatio* não tinha o condão, como têm as declarações enunciativas, de precisar um objeto, descrevendo-o, mas tão somente de diminuir a esculpabilidade por parte do vendedor inserindo na fórmula translativa da *stipulatio* um elemento específico para permitir eventual *actio doli* caso o bem venha com vícios, já que o vício, em si, abre campo para a *culpa leve*, conforme veremos.

bartolismo, retrocedendo, em suas fontes, até às citações mais vetustas do *Digesto* e, (ii) o segundo, gerado após Clóvis Beviláqua e Teixeira de Freitas, cuja construção é fortemente influenciada pela Pandectística Germânica voluntarista.[114]

Na Pandectística Germânica, ao qual a nossa dogmática de direito privado está indissociavelmente ligada, as regras e estudos sobre as declarações enunciativas se afastam do conceito de *demonstratio*, tal qual sugerido por Betti, aproximando-se, como lembrou o mesmo Betti, das regras sobre os *erros obstativos*.[115-116]

Moreira Alves lembra que da disciplina dos *errore* no direito romano, "tendo em vista a circunstância de que os textos que nos chegaram foram muito modificados pelos compiladores do *Corpus Iuris Ciuilis*, não conhecemos, com exatidão, os princípios com que os romanos disciplinaram a validade do negócio jurídico em face do erro, quer no período clássico, quer no período pós-clássico".[117] Isto, porém, dificulta a inves-

---

[114] Vide, nesse aspecto, Pontes de Miranda, F.C.. *Fontes e Evolução do Direito Civil Brasileiro*, 2ª ed.. Rio de Janeiro: Forense, 1981; *passim* (sobretudo o singelo resumo sinóptico nas pp. 130-131).

[115] Vide Betti, Emilio. *Diritto Romano I: parte generale*. Padova: CEDAM, 1935; pp. 269-270 (§ 59). Betti fala que, no direito romano, sobretudo em disposições de última vontade, a regra *"falsa demonstratio non nocet"* prevalecia, em detrimento do adquirente de bens e direitos que estivesse desavisado. Betti lembra que para os negócios bilaterais, *"si tratterà di vedere si la descrizione erronea abbia carattere accessorio e superfluo nella considerazione comune di entrambe le parti"* ["tratar-se-á de observar-se se a descrição errônea tinha caráter acessório e supérfulo na consideração comum de ambas as partes" – traduzimos livremente] (p. 269). Na assunção de que em negócios bilaterais os seus instrumentos não contém palavras supérfulas, vale lembrar, sobretudo em casos em que a definição e valoração dos bens dependia de declarações dos contratantes (como quando ocorria com fazendas e semoventes), que certas declarações eram necessárias para a identificação precisa do objeto. Neste passo, Betti admite que as *demonstrationes* de caráter enunciativo, quando intimamente ligadas a uma disposição ou prescrição jurídica e dentro desse nexo de causalidade entre uma enunciação e uma disposição num mesmo e único negócio, acabam gerando uma flexibilização da regra *"falsa demonstratio non nocet"*. Entretanto, Betti não cita as fontes em que as suas especulações estão fundadas.

[116] Ainda sobre a *demonstratio*, Moreira Alves, José Carlos (*Direito Romano*, vol. I, 10ª ed.. Idem; p. 211) dá uma notícia completamente diversa de seu sentido e uso, pouco tendo a ver, entretanto, com o sentido enunciativo dado por Betti. Moreira Alves, assim como Betti, não cita as fontes diretas de onde decorre o seu sentido, associando as *demonstrationes* a uma estrutura retórica ciceroniana sustentada por lições inseridas nas Institutas de Gaio e totalmente ligada ao modelo judicial de instrução probatória das *actiones*.

[117] Idem, Op. cit; p. 174.

3. ASPECTOS ESPECÍFICOS

tigação da natureza própria das declarações enunciativas como mecanismo de prevenção do erro.

A falta de uma disciplina sistematizada dos *errore* no direito antigo induz a pesquisa a seguir a busca na periferia de outros institutos, sobretudo os que impliquem mecanismos translativos de direitos, nos moldes da pós-moderna alienação de controle.

As nossas regras ordenativas, que remontam ao direito brasileiro em sua fase pré-codificada e, portanto, não influenciada pelo Pandectismo Germânico, mostram que nas Ordenações Filipinas, o problema das vendas em que havia engano sobre o preço quando o dito engano superava mais da metade do preço justo[118], se resolvia no desfazimento do contrato (Livro IV, Título XIII). Havia uma alternativa que cabia ao exclusivo arbítrio da parte contrária (L. IV, Tít. XIII, §1), a saber, a devolução da diferença: se o comprador desejasse desfazer o contrato, caberia ao vendedor optar pelo desfazimento ou devolução do excesso, se o vendedor desejasse desfazer o contrato, caberia, ao contrário, ao comprador, a indigitada escolha. Essa possibilidade de devolução da diferença não é expressamente exposta como ajuste de preço ou pagamento de caráter indenizatório, mas a linguagem utilizada no texto ordenativo deixa entender se tratar possivelmente de ajuste formal de preço.[119]

Essa regra decorria do que já estava prescrito nas Ordenações Manuelinas, Livro IV, Título XXX e remonta a práticas e tradições que o direito peninsular sedimentou, com base nas experiências medievais e bartolistas de leitura e aplicação das regras do *Digesto*. Contudo, nada tratam sobre a possível existência de declarações enunciativas obrigatórias ou voluntárias que visassem prevenir o erro da contraparte, sobretudo do comprador, quando o tema era o objeto, ou ainda do vendedor, quando o tema dizia sobre os poderes e a capacidade jurídica do comprador.

As fontes romanas sobre o tema dos erros e vícios de consentimento em contratos de compra e venda (*de contrahenda emptione*) decorrem das regras constantes do Livro XVIII do *Digesto*. O Título I a este Livro

---

[118] No caso de propriedades rurais produtivas, o Decreto de 17 de Julho de 1778 já estabelecia que o preço justo equivalia a um critério de avaliação correspondente ao rendimento dos vinte anos pretéritos à data da avaliação.

[119] "...ficará à escolha ao vendedor, ou tornando-lhe o preço, que houve, e cobrar a cousa vendida, ou tornar-lhe a maioria que delle recebeu, alem do que a cousa justamente valia ao tempo do contracto" (assim).

estabelecia, além das regras principais da compra e venda e as coisas que não se podem vender (*res venire non possunt*), sobre as regras concernentes aos chamados *pacti*, mais precisamente os *pactis inter emptorem et venditorem compositis*, que eram, na verdade, pactos adjetos ou pré-conclusivos do negócio translativo do direito. A responsabilidade pela devida apreciação da coisa e precisa averiguação dos riscos, trazida nas Ordenações como regra de exclusivo arbítrio do vendedor quando o erro prejudica o comprador, construída sobre o estandarte da *res perit domino*, legava inteira responsabilidade ao comprador pela apreciação dos riscos do negócio.[120] Era o império do *caueat emptor* em matéria de risco (*de periculo et commodo rei venditæ*).[121]

Nesse sentido, a obscuridade dos pactos pré-contratuais reafirmava a responsabilidade do comprador (*D.*, 18, 1, 21). Há, no *Digesto*, diversas passagens que lembram regras muito praticadas em negócios de alienação de controle até hoje: (i) a presunção de má-fé do comprador quando celebra compra com pessoa que lhe declara não ter poderes para celebrar o contrato (*D.*, 18, 1, 27); (ii) quando a compra se dá por conta de uma composição de outros bens acessórios diretamente ligados ao objeto principal, cujo valor depende desses acessórios, mas, isoladamente, o valor e a existência dos acessórios não dependem necessariamente

---

[120] Reflexos dessa estrutura são bastante visíveis na doutrina de PONTES DE MIRANDA, F. C. (*Tratado...*, Tomo 39, Idem; pp. 277-281 [§ 4.322, 5]).

[121] A história do direito romano em matéria civil é razoavelmente cristalina nesse sentido, sobretudo no tema da responsabilidade contratual e pré-contratual e suas fontes. Vicenzo ARANGIO-RUIZ (*Storia Del Diritto Romano*, 7ª Ed.., 1ª reimpressão. Napoli: Jovene, 2006, pp. 328 e segs.) nos faz lembrar, na formação do direito privado romano, que em seu período arcaico a marca do formalismo e da oralidade imperavam. O valor que se dava ao efeito mágico das palavras pronunciadas era bem superior à liberdade das partes em escolher tais palavras e dar valor próprio e contextualizado a elas. A transferência de direitos era um ritual, de caráter quase religioso. Diferentemente dos romanos, os gregos davam valor mais elevado à palavra escrita e ao seu significado e contexto. O sentido de declaração no sistema jurídico elenístico era mais apurado que no romano, que veio a se dar conta disso em período tardio e pós-imperial, Justinianeu. Juridicamente, em relação a responsabilidade civil contratual, a relevância da culpa era sempre bastante reduzida em face do dolo, único mecanismo que permitiria revisão ou desfazimento do negócio. Vide ainda MARUOTTI, Laura Salidoro. *La Tradizione Romanistica nel Diritto Europeo*. Vol. II: dalla crisi dello ius commune alle codificazioni moderne. Torino: Giappichelli, 2011. No direito moderno, Ángel CARRASCO PEREIRA, com esteio em Nilufer von Bismark, desenvolve modernamente o tema, deixando claro a associação entre o *caueat emptor* e as fusões e aquisições mordenas na Espanha ("*Manifestaciones...*", Op. loc. cit., Ibidem, p. 267).

3. ASPECTOS ESPECÍFICOS

do principal, na venda de bens reciprocamente considerados (*D.*, 18, 1, 34) – eis dois bons exemplos de questões já tratadas acima em situações contemporâneas.

Outro bom exemplo de negócio assemelhado às formas atuais de transferência de controle está descrito por PAULUS em *D.*, 18, 1, 40: na venda de uma fazenda, as partes estabelecem a obrigação de avaliar a metragem e a extensão do bem com consequente notificação para o vendedor, dentro de trinta dias, sobre eventual correção da declaração feita por ele quanto à precisa extensão do bem. Nesse caso, os lindes eram a qualidade principal do bem. Na revenda do bem para um novo comprador, o antigo comprador, então vendedor, reavalia o bem e nota erro de cálculo. PAULUS noticia sobre a possibilidade do segundo vendedor e primeiro comprador de pedir indenização com base na diferença identificada anos depois da venda, ainda que passados os trinta dias para a notificação. PAULUS destaca que o modo mais eficaz de resolver semelhante situação decorre da investigação do modo pelo qual estivesse formulada a cláusula que declarava essa característica do bem e legava prazo para reclamar e avaliar.

Esse antigo caso, na sua forma, e na maneira pela qual os seus dados se põem, guarda muita semelhança, ressalvados os problemas de anacronismo e adaptação do tempo e das coisas, com muitos problemas atualmente vividos na seara das *due diligences* e dos problemas decorrentes de vícios e defeitos encontrados anos após a celebração da alienação do controle e devidamente previstos em enunciados no CCV.

Nesse sentido, a regra é sempre legar ao comprador a responsabilidade total pela coisa: *caueat emptor*. Exceptuar a responsabilidade do comprador (*D.*, 18, 1, 59; *D.*, 18, 1, 81, 1; *D.*, 18, 1, 66) e precisar o objeto (*D.*, 18, 1, 40, 5; *D.*, 18, 1, 47; *D.*, 18, 1, 63, 1; *D.*, 18, 1, 76; *D.*, 18, 1, 77; *D.*, 18, 1, 80), as suas qualidades (*D.*, 18, 1, 43) e a sua composição específica para fins de valor (*D.*, 18, 1, 41, 1; *D.*, 18, 1, 45; *D.*, 18, 1, 73, 1), bem como obrigar as partes a declarar sobre fatos que têm conhecimento a respeito da possibilidade de influência direta no valor da venda, por questão de boa-fé (*D.*, 18, 1, 43, 2; *D.*, 18, 1, 66, 1; *D.*, 18, 1, 68) são as formas mais comuns de declarações de cunho enunciativo que se faziam em contratos de venda, sob a forma de *pacto* pré-contratual. Na regra geral, entretanto, *ita periculum ad emptorem pertineret*, qual seja, o risco ao comprador pertence, na linguagem de IAUOLENUS (*D.*, 18, 4, 10), ou, como lembra PAULUS, *nam perfecta emptione periculum ad emptorem respiciet* (*D.*, 18, 6, 8pr.): uma vez concluída a compra, o risco ao comprador dirá respeito, já que, este é o efeito da venda concluída, que, do momento em que se perfaz, o risco da coisa se transmite para o comprador.

Neste particular, a história do direito romano que marca a evolução dos costumes de um universo arcaico para um período dito *clássico*, explora em algumas *stipulationes* a possibilidade de aberturas para identificar elementos de *dolo* que poderiam proteger o adquirente por omissão deliberada do alienante, ainda que tenham escapado de alguma *stipulatio* específica. Nesse contexto viu-se a evolução do elemento *diligentia* como obrigação do alienante em relação à coisa objeto do negócio a fim de constituir um conceito de dolo (associado, neste par, à *culpa lata*) que poderia estar concretizado por uma falta de cumprimento de um dever de *diligentia*[122] por parte do vendedor. Mas é verdadeiramento nos *pactos adjetos* que o mecanismo é identificado: na descrição de bens forjados por artífices (artesões, os *artífices*), estes poderiam responder pela *imperícia* no contexto da *descrição do objeto* e do que dele se espera. Aqui entra em discussão o tema do *vitium materiæ*, abrindo novo campo para debate sobre a responsabilidade do alienante. Discute-se também a hipótese, aqui, de um *damnum iniuria datum*, ou, simplesmente, de uma *iniuria*, qual seja, uma *in – iura* ou não-direito[123], em um contexto aquiliano de responsabilização (e não culpa!). O grande problema e que toca inclusive questões de anacronismo é que esta vertente se dava em contextos específicos: obrigações de fazer, locação de serviços, transporte de coisas, gestão de negócios, penhor, restituição de dotes. Os âmbitos específicos legavam o dolo em matéria contratual (e não a culpa) ainda aos auspícios das regras gerais.

O período clássico nos reserva, entretanto, o início de uma verdadeira revolução em matéria de obrigação do vendedor de informar o comprador a respeito dos vícios da coisa, pela via dos *pactos adjetos* ao invés da via das *stipulatio*. Dá-nos notícia Laura Salidoro Maruotti que "na fase mais antiga do direiot romano o vendedor não era de qualquer modo obrigado a declarar para a contraparte os vícios por ele notados do bem objeto da compra e venda; sobre tais defeitos respondia, portanto, em termos de ressarcimento de dano, somente se o comprador tivesse tido o despren-

---

[122] Arangio-Ruiz, V.. *Responsabilità Contrattuale...*, Op. cit., Idem, pp. 9-61.
[123] Idem, pp. 180 e segs.

3. ASPECTOS ESPECÍFICOS

dimento de providenciar que a compra e venda fosse acompanhada de assunções informais (*dicta*) ou formais (estipulações: *promissa*) de garantia pelos vícios da coisa (D.21.1.19.2)".[124]

Desta forma, MARUOTTI nos lembra: "Se o vendedor tivesse violado tais obrigações de informações, ao comprador, que se tinha tomado conta que o bem adquirido estava afetado por vícios não declarados no ato da venda, estariam acessíveis dois remédios: a ação redibitória (ou 'ação de restituição'), a ser exercida dentro de dois meses da descoberta do vício e com o escopo de rescindir os efeitos da compra e venda mediante restituição do bem ao vendedor e do preço ao comprador; e a ação estimatória (ou *quanti minoris*), viável dentro dos seis meses e com o fito de obter uma redução do preço, em razão do defeito do bem objeto da compra e venda"[125]. Contudo, adverte na sequencia: "Esta disciplina era entretanto, na origem, circunscrita apenas às vendas de escravos e semoventes efetuadas nos mercados públicos. E por isso, até que as formas descritivas de 'responsabilidade prenegocial' não viessem estendidas a todos os casos de venda (evento que se verificou talvez já na primeira época do classicismo, aos que creem na autenticidade de Ulpiano no D.21.1.1,§), obrigações análogas de informação a cargo do vendedor não entraram em vigor nem pelas negociações referentes aos bens móveis diversos de escravos e semoventes, nem para vendas imobiliárias. Em outros termos, ao *venditor* de tais bens era consentido o 'silêncio' sobre os vícios por ele notados na coisa negociada"[126].

---

[124] MARUOTTI, Laura Salidoro. *Gli Obblighi di Informazione a carico del venditore – origini storiche e prospettive attuali*. Napoli: Satura, 2007, p. 41, constando assim do original: "*Nella fase più ântica del diritto romano il venditore no era in alcun modo tenuto a dichiarare alla controparte i vizi a lui noti del bene compravenduto; di tali difetti rispondeva, pertanto, in termini di risarcimento del danno, solo se il compratore avesse avuto l'accortezza di provvedere a che la compravendita fosse acompagnata da assunzioni informali (*dicta*) o formali (stipulazioni: promissa) di garanzia per i vizi della cosa (D.21.1.19.2)*".

[125] Idem, Ibidem, constando do original assim: "*Qualora il venditore avesse violato tali obblighi di informazione, al compratore, resosi conto che il bene aquistato era affetto da vizi non dichiratigli all'atto della vendita, sarebbero stati accessibili due rimedi: l'azione redibioria (o 'azione di restitzione'), da esercitarsi entro due mesi dalla scoperta del vizio e finalizzata a rescindere gli effetti della compravendita mediante restituzione del bene al venditore e del prezzo al compratore, e l'azione estimatora (o quanti minoris), eseribile invece entro sei mesi e volta a conseguire una riduzione del prezzo, in ragione del difetto del bene compravenduto*".

[126] Idem, Ibidem, constando do original assim: "*Questa disciplina era però in origine circoscritta alle sole vendite di schiavi e animali effettuate nei pubblici mercati. E perciò, fino a quando le descritte*

A mudança desse status, entretanto, não se dá por meio da jurisprudência, mas sim por intermédio de uma obra filosófica escrita por um jurista: o *de Officiis* de Marco Tulio CICERO. No Terceiro Livro do *de Officiis* de CICERO, o insuperável orador explora o conceito de honestidade: *"Sed cum tota philosophia, mi Cicero, frugifera et fructuosa nec ulla pars eius inculta ac deserta sit, tum nullus feracior in ea locus est nec uberior, quam de officiis, a quibus constanter honesteque vivendi praecepta ducuntur"* (3.5)[127]. Nessa exploração e busca pelo conceito de *honestidade* e o conflito entre o justo (o correto) e o expedito, CICERO lança mão de cinco exemplos jurídicos perquirindo sobre o dever de informar o comprador no contexto de venda de coisas com vício. O exemplo mais pragmático é o da *casa pestilenta* (*domus pestilens*, 3.55), qual seja, imóvel que o vendedor sabia estar infestado de cupins e em péssimas condições sanitárias, tendo vendido o bem com sobrepreço ao comprador, que se apercebeu do vício grave tempos depois. Caberia nesse caso, moralmente, o dever de informar o comprador a respeito da existência desse vício? Nesse debate filosófico e de perquirição ética, abriu-se caminho, na jurisprudência, para a reflexão a respeito do dever jurídico de se informar o comprador nesses casos ou não.[128]

Nesse sentido, nota-se na evolução das formas jurídicas que as declarações eram feitas e se propagavam, cada vez mais, no intuito de amenizar o rigor da regra do *caueat emptor*,[129] embora o direito ordenativo ibérico não tenha recebido esses detalhes em sua estrutura normativa. Ainda que o *pacto* tivesse um valor vinculativo bem inferior ao do con-

---

forme di 'responsabilità prenegoziale' no vennero estese a tutti i casi di vendita (evento che si verifico forse già nella prima età classica, se si credenella genuinità di Ulp. D.21.1.1,pr.), analoghi obblighi di informazione a carico del venditore no furono in vigore né per le contrattazioni relative ai beni mobili diversi da schiavi e animali, né per le vendite immobiliari. In altri termini, al venditor di tali beni era consentito il 'silenzio' sui vizi a lui noti della cosa negoziata".

[127] "Entretanto, jovem Cícero, enquanto todo o campo da filosofia é fértil e frutífero e em nenhuma parte, ignara e deserta; ainda assim nada é mais fecundo ou abundante nesse mesmo campo quanto os deveres morais, aos quais são derivados em honestidade e no viver segundo recomendações que são ditas".

[128] MARUOTTI, L. S.. *Gli obblighi di informazione...*, Op. cit., Idem, pp. 42 e segs. (esp. p. 48). MARUOTTI deixa claro que esse legado ciceroniano abriu caminho para se permitir que não apenas fosse dado aos compradores o caminho único da *actio dolo* (de natureza penal em princípio, diga-se de passagem) para a *actio empti* (p. 53).

[129] Sobre o *caueat emptor*, vide MARUOTTI, Ibidem, p. 47, sobretudo a nota 24 de seu texto.

3. ASPECTOS ESPECÍFICOS

trato[130] e apesar de todas as valorizações posteriores dos *pacti* decorrentes do período pós-clássico, o que se nota nas fontes citadas é uma grande articulação entre declaração da vontade, celebração de contrato e possibilidade de seu desfazimento por vício nessa declaração de vontade decorrente de declaração enunciativa inserida em pacto anterior e que esteja em dissonância com os fatos. Há nessas declarações de cunho enunciativo uma grande força motriz para reversão de negócios jurídicos que podiam culminar no seu desfazimento ou na geração de obrigações para o vendedor que enunciasse em desacordo com os fatos, em franca amenização do rigor do *caueat emptor*.

Dentro desse contexto, é importante lembrar a lição do Prof. POVEDA VELASCO sobre a devida evolução deste tema, para que possamos compreender a real natureza dessas declarações em direito brasileiro e as eventuais diferenças que essas declarações possam ter em direito estado-unidense. Relata POVEDA VELASCO: "... com o desenvolvimento dos *iudicia bonæ fidei*, a tendência do *ius ciuile* foi levar em conta tudo quanto pudesse interferir na equidade da relação jurídica. No caso concreto da compra e venda, o vendedor obrigava-se não só a entregar a coisa, como também a garantir ao comprador sua posse mansa e pacífica até sua total disponibilidade por parte deste, oferecendo-lhe mercadoria nas condições esperadas pelo comprador ao realizar o negócio. Assim, de acordo com Kunkel, no período entre fins de República e início da idade clássica, a *actio empti* servia de instrumento para exigir a responsabilidade de vendedor pelos vícios da coisa [Nota: ob. cit., p. 333]. Este respondia pelas declarações expressas (*dicta*) sobre determinadas qualidades da coisa vendida ou sobre a ausência de defeitos, bem como pela omissão por estes últimos, feita com a intenção de enganar o comprador. De qualquer forma, o âmbito de aplicação de *actio empti* restringia-se ao caso de comportamento doloso do vendedor, não estabelecendo, por isso, nenhum critério de responsabilidade objetiva. (...) Só na época de Justiniano parece ter cabido a *actio empti* contra um vendedor que desconhecesse os vícios da coisa vendida" (itálicos editados no original)[131].

---

[130] Vide MOREIRA ALVES, José Carlos. *Direito Romano*, vol. II, Idem; pp. 225 e segs. (sobretudo p. 227).

[131] POVEDA VELASCO, Ignácio Maria. *Proteção do comprador no direito romano*. São Paulo: Cultural Paulista, 2002; pp. 40-41.

A respeito do período justinianeu, Poveda Velasco acrescenta: "A maioria das inovações de Justiniano relaciona-se com as ações de que o comprador dispunha para a defesa do seu direito. Em primeiro lugar, o *Corpus Iuris* estendeu a *actio empti* aos casos em que o vendedor tivesse procedido de boa-fé. Desta forma, a ação contratual deixava de ter como pressuposto o comportamento doloso do vendedor, servindo para impor a responsabilidade pelos vícios ocultos da coisa vendida, mesmo que [o] vendedor os desconhecesse. Assim, as estipulações sobre a ausência de vícios, tão importantes e frequentes no período clássico, perderam a razão de ser, tal como já tinha acontecido antes com relação às estipulações sobre evicção" (itálicos editados no texto original).[132]

Na sequência, acrescenta: "O texto do Digesto 19, 1, 13 pr. refere-se explicitamente à questão quando afirma que *qui pecus morbosum aut tignum vitiosum vendit* pode ser chamado a juízo tanto *ignorans* como *sciens*, como a única diferença de que no primeiro caso deveria restituir ao comprador apenas a diferença entre o preço efetivamente recebido e o que receberia se os defeitos fossem conhecidos, enquanto no segundo responderia também por *omnia detrimenta, qual ex ea emptione emptor traxerit*" (itálicos editados no texto original).[133]

Com especial interesse para o escopo deste trabalho, vale ainda trazer estes dizeres de Poveda Velasco: "A ampliação do alcance da *actio empti* é outra das modificações justinianéias. A ação contratual, que no direito clássico serve apenas para garantir o *interesse negativo* (diferença pela diminuição do valor da coisa), evolui no sentido de conceder à parte lesada uma indenização também pelo *interesse positivo*, ou seja, pelos lucros cessantes, representados, no caso dos vícios, pelo dano sofrido por parte do comprador por não ter recebido uma coisa em perfeitas condições [Nota: Jörs & Kunkel, cit., p. 336 e Arangio-Ruiz, cit., p. 383]" (itálicos editados no texto original).[134]

Dessa estrutura normativa mais antiga e pré-justinianéia é que as regras ordenativas decorreram. Nota-se que as regras ordenativas, desde as *Siete Partidas* já atenuavam a existência e a regulação dessas declara-

---

[132] Idem, ibidem; p. 72. Vale lembrar que na mesma linha do Prof. Poveda, Arangio-Ruiz (*Storia...*, Op. cit., Idem, pp. 348 e segs.) sobre a influência justinianeia e a influência do proto-cristianismo na formação desses "novos direitos" na era posclássica.

[133] Idem, ibidem.

[134] Idem, ibidem. Sobre declarações de "perfeitas condições", vide *D.*, 18, 1, 59.

3. ASPECTOS ESPECÍFICOS

ções, embora o direito romano clássico e posclássico tenha-lhe reconhecido o lugar e os deveres, sem muito ter explicitado sobre a forma, nossa principal preocupação neste trabalho. Na passagem do direito ordenativo para o direito codificado, por influência dos Pandectistas Germânicos voluntaristas do Século XIX, a matéria recebe um trato totalmente diferenciado no Código Civil, costurando-se na doutrina aquilo que PONTES DE MIRANDA irá sedimentar em seu *Tratado de Direito Privado* ao longo do já citado § 233.[135]

PONTES DE MIRANDA disciplina, ao contrário do que dispõe BETTI, que tais declarações não constituem negócio jurídico, mas ato jurídico *stricto sensu*, incluindo, dentre outras espécies, as "declarações de bens, ou valores, que integram o patrimônio sôbre o qual outrem tem direitos, pretensões, ações ou exceções (só implicam declaração de que são completas se outro interessado é figurante da declaração de que são, não bastando o fato da presença)"[136]. É marcante lembrar ainda que PONTES, ao falar sobre a eficácia das declarações ou comunicações de conhecimento, aduz que tais comunicações "se não têm por fito estabelecerem discussões (afirmações, negações) *ligam os que as fazem* (...) porque respondem pela prestação segundo prometeram (o enunciado de fato é *interior* à promessa), tal como é o caso da indicação das qualidades da coisa (arts. 1.101-1.106), o do representante sem poder, ou que excede os poderes (art. 1.305), do empreiteiro-vendedor de materiais (art. 1.283; não nas outras compras-e-vendas de espécie)" (itálicos do autor, negritos meus)[137].

Em período prepandectístico, a filosofia jheringheana reinsere no universo do debate sobre a responsabilidade contratual o tema da *culpa in contrahendo*, um tanto quanto esquecida até meados do século XIX mas que com von JHERING passa a ter certa relevância.[138]

---

[135] PONTES DE MIRANDA, F. C.. *Tratado...*, Tomo 2 (cit.); pp. 454 e segs.

[136] *Tratado...*, Tomo 2 (cit.); p. 455. Nota-se que para escrever esse parágrafo, PONTES se baseou em leituras de Andrea von TUHR e PLANCK, dentre outros.

[137] Idem, idibem; p. 459. Vale notar que os artigos do Código Civil indicados por PONTES equivalem aos atuais 441 a 444, sobre vícios redibitórios. Logo adiante, adentra-se mais profundamente no tema do vício redibitório em relação ao erro de natureza *error in corpore*.

[138] Vide MARUOTTI, L. S.. *Gli Obblighit di informazione...*, Op. Cit., pp. 22 e ss.. Vide também António Manuel da Rocha e MENEZES CORDEIRO. *Da Boa-Fé no Direito Civil*, 3ª reimpressão. Coimbra: Almedina, 2007, pp. 527 e segs.

Na estrutura racional típica dos Pandectistas, o tema da *culpa in contrahendo* fica posto de lado e o debate sobre as declarações comentado acima tinha maior espaço, englobando um estudo racionalizado do Livro 18 do Digesto, com as formulações típicas dessa escola e desse período da dogmática jurídica global. Assim, na passagem do direito antigo para o direito codificado continental, os Pandectistas Germânicos, ao discorrerem sobre a compra e venda, recorriam frequentemente a sofisticados raciocícios sobre pactos adjetos e declarações para evitar e prevenir vícios, como parece ter feito PONTES ao explanar sobre essas declarações enunciativas no § 233, ainda que não tenha explorado a sua natureza de maneira explícita.

Em outros Pandectistas a dificuldade de se identificar expressamente o mecanismo, o uso, a forma e a natureza jurídica das declarações enunciativas também parece não ser tão claro. Berhard Joseph Hubert WINDSCHEID[139], ao comentar o Livro 18 do *Digesto* em estudos sobre as compras (*Der Kauf*), após lembrar que vender é declarar (*erklären*), tal qual num Preâmbulo ou Recitais de um CCV, que algo se há contra futura entrega de dinheiro, sem que se necessite de forma especial para materializar tal declaração[140] ou ainda de especificação sobre gêneros[141], admite, como regra geral, que o comprador suporta os riscos da coisa (*Der Käufer trage die Gefahr der Sache*), reafirmando o velho modelo do *caueat emptor* e distanciando-se das amenizações justinianeias em matéria de partilha de riscos.

Ao dissertar sobre a responsabilidade do vendedor por evicção[142] e sobre a responsabilidade do vendedor por força da qualidade da coisa vendida[143], aduz que o vendedor responde se prometeu que a coisa estaria em "perfeitas condições", ou seja, na sua essência (*Ubwesenheit*), como forma de amenização da regra geral de que o *risco pertence ao comprador.*[144] Nesses casos, a única solução decorre, ante a impossibilidade

---

[139] WINDSCHEID, Berhard J. H.. *Lehrbuch des Pandektenrechts*, vol. 2, 5ª ed.. Frankfurt: Rütten & Loenig, 1882; §§ 390-395; pp. 584 e segs.

[140] Sem forma pré-estabelecida, p. 588.

[141] Sobre a venda de gêneros, cfr. p. 589.

[142] No § 391 o autor tem o cuidado de diferenciar o termo alemão *Entwehrung* do termo latino *evictio*, lembrando, em nota de rodapé, que o termo alemão é mais abrangente que o latino, mais técnico e mais específico.

[143] Idem, p. 639 e segs (§ 393), para a *der Beschaffenheit der Kauffache*.

[144] Idem, ibidem, p. 640.

3. ASPECTOS ESPECÍFICOS

de desfazimento do negócio, por ajuste de preço consequente de devolução da diferença ou diminiução (*Preisminderung*), em prescrição não superior a um ano.[145]

Observe-se que WINDSCHEID admite a existência de uma compra e venda selada mediante certas condições de preço decorrentes da precisa e exata qualificação da coisa conforme tradução feita pelo vendedor, desse *status* da coisa, nos termos de declarações contratuais enunciativas. Ainda no bojo da questão que envolve uma *Preisminderung* (diminuição de preço), o pandectista lembra que, por força dessa possibilidade ou ainda da possibilidade de rejeição da coisa se o seu uso se mostra imprestável, o comprador teria o direito de exigir do vendedor, no ato da compra, uma promessa formal (*Unspruch*) em que o vendedor assegure a ausência de tais vícios que podem causar, no futuro, rejeição da coisa ou diminuição do preço por ajuste.[146]

Contudo, e para os fins que diretamente nos dizem respeito neste trabalho, o Pandectista declina de estabelecer a forma e a natureza dessas declarações expressas, dessas promessas pactuadas (*Unspruch*) ou dessas qualidades prometidas (*zugesagter Eigenschaftenhat*). Usa termos diferentes, inclusive, para designar algo que a prática demonstra ser o mesmo, a saber, as *representations & warranties* ou declarações enunciativas/representativas. A forma dessas declarações, embora admitidas, não são exploradas e, desafortunadamente, para os nossos fins, não há nessas fontes históricas qualquer sinal a respeito de sua *obrigatoriedade* e do momento em que tais enunciações eram obrigatórias ou apenas mera disciplina moral.

Christian Friederich von GLÜCK[147] dá uma possível e interessante pista sobre a provável natureza dessas declarações enunciativas sobre a qualidade da coisa, ao relacionar o princípio do *caueat emptor* (risco do comprador), às declarações em vendas e ao instituto do *jusjurandum* (de que falaremos logo abaixo).[148] Ao discorrer sobre a origem, a noção e os

---

[145] Idem, ibidem, p. 642.

[146] Idem, ibidem, p. 647. Nesse mesmo sentido e, portanto, o vendedor deve entregar a coisa vendida com as qualidades que *expressamente prometeu* (*Versprachen*), cfr. p. 652.

[147] *Ausführliche Erläuterung der Pandecten*, tomo 16, 2ª ed.. Erlangen: Palm & Enke, 1867; pp. 10 e segs, bem como o tomo 17 nas pp. 126 e segs., neste 17 em particular sobre o problema da transferência do risco para o comprador.

[148] Idem, ibidem, tomo 16; p.10 (§972).

REPRESENTATIONS & WARRANTIES NO DIREITO BRASILEIRO

requisitos essenciais da compra, marca, de início, a diferença entre perfeição da compra e transferência dos riscos (*periculum*, no latim, como prefere GLÜCK ou *Gefahr*).[149] Logo passa, ato contínuo, a examinar o tema dos vícios de erro e dolo dentro das compras chamadas *emptio rei speratæs*, em que se paga o preço após averiguação de que o objeto pretendido e esperado, "se verificou" ao menos em parte. Sem que seja feita nenhuma relação específica entre erro e dolo e a consequente declaração sobre a qualidade do objeto, o comentarista se foca mais nas questões que envolvem o contrato em si do que as que envolvem o *instrumento*, já que, como WINDSCHEID, GLÜCK não se interessa pelas formas com que a compra toma corpo e se instrumentaliza no direito.[150]

Ao tratar sobre as obrigações do vendedor, além de cuidar do tema da entrega dos acessórios esperados, ainda que não se tenha feito menção expressa sobre eles, o pandectista lembra, nesse sentido, do problema que envolve a *transferência das pertinências (Pertinenzien)*, ressaltando as obrigações sob o ponto de vista dos ativos que compuserem a coisa[151]. Sobre esta questão em específico, após tratar sobre os graus da culpa (§ 984) e os modos de tradição da coisa, GLÜCK lembra, ao comentar o *Digesto* na passagem 18, 1, 63, 1 de IAUOLENUS, que o vendedor deve indicar e descrever com precisão (*Beschreibung*)[152] os lindes de

---

[149] Idem, idibem; p. 15.

[150] Nesse contexto, outras questões são abordadas pelo autor como, o efeito das cláusulas de inalienabilidade em testamentos e contratos (§ 976), a controvérsia a respeito do pagamento do preço parcialmente em dinheiro, para fins de convolação da compra em permuta (§ 977), os requisitos de verdade (§ 978), justiça (§ 979) e certeza do preço (§ 980), sem deixar de passar pela regra do *risco do comprador* nesse último parágrafo (p. 90).

[151] Quando se pensa em alienação de controle e qualidades imanentes da coisa, fica vago o tema dos vícios e de eventuais passivos ocultos não declarados, que, ao que parece, no entender desse comentador, foram todos reunidos em uma outra parte da obra, com outro foco e classificação em vista, sem que se tivesse sido feita a referência cruzada.

[152] O texto latino colocado na nota 33 do texto de GLÜCK, fala, na mesma linha das especulações de BETTI, sobre as *Demonstratione fundi facta...*, que GLÜCK trata como uma indicação ou designação (*Beschreibung*), no ato da venda, sobre os confins de uma fazenda (*Grundstuck*), cfr. p. 121. GLÜCK ainda salienta, curiosamente, que o vendedor deve ainda nomear (*Nennen*) os vizinhos e expressamente informar o comprador sobre os vizinhos inoportunos ou impertinentes (*solchen Nachbar*), sob pena de ressarcimento de eventuais danos por dolo (pp. 121-122). Nessa digressão, a nota 35 do texto de GLÜCK exaure o problema da vizinhança como fonte de desfazimento de negócios imobiliários não apenas com base no Digesto, mas com textos extraídos do *Mercatore* de PLAUTO, citações de HESÍODO (não indicado por

3. ASPECTOS ESPECÍFICOS

um objeto, garantindo de maneira especial[153] que nenhum terceiro disputa a coisa, entregando o bem com as qualidades previstas e livre de defeitos, sem que seja gravado por ônus.[154]

Ainda sobre enunciados ou declarações, GLÜCK chega a mencionar em duas passagens destacadas que: (i) se vendedor declarou (*erklärt*, do verbo *erklaren*) ao comprador que não responderia por servidões, o seu dolo o obrigaria pois a ressarcir os danos, ainda que o comprador soubesse que a fazenda vendida era gravada de alguma servidão[155]; e (ii) considerando que os impostos são de pressuposto conhecimento geral, o risco pelos impostos será sempre do comprador, a não ser que: *1.* a fazenda foi vendida com declaração de que era bem isento de impostos (*Steuerfreis*), *2.* se o vendedor fez indicar uma qualidade de impostos inferior ao que seria aplicado, qual seja, se fosse sujeito a alguma alíquota especial ou *3.* se a incidência do imposto é de tal natureza que o comprador não podia presumir a sua existência sem ter sido informado de maneira específica pelo vendedor[156].

Ainda sobre declarações na venda envolvendo questões fiscais, GLÜCK reaviva discussão sobre a possibilidade do vendedor assumir pessoalmente os impostos decorrentes da coisa vendida, sem prejuízo para o fisco. Nessa discussão, GLÜCK propõe que este tipo de declaração teria a natureza de *pacto adjeto*, tendo sua validade só entre contraentes, de modo que, desta maneira, segundo alguns autores (FABRO, BRUNNEMANN, WERNHER, LEYSER, COCCEJI e WESTPHAL), o comprador teria o direito de pretender do vendedor o reembolso do imposto pago, por via de *actio empti*.[157]

GLÜCK nem por seus tradutores, mas identificado como trecho d'*O Trabalho e os Dias*), bem como na *Eunomia* de HUBER.

[153] Idem, ibidem, p. 122, que assim traz no original: "*Der Verkäufer muß insonderheit dem Käufer dafür stehen, ...*" ("O comprador deve estatuir no momento da compra, ...").

[154] Idem, ibidem.

[155] Idem, ibidem, p. 123.

[156] Assim como ocorre nas atuais *reps & warranties* sobre planejamentos fiscais que interpretem a lei tributária de forma mais benéfica para a empresa-alvo ou sob uma ótica menos conservadora do que a praticada pelo mercado, de forma geral. GLÜCK, Idem, ibidem, p. 127. Indo mais longe e observado esse mesmo princípio no mercado de capitais brasileiro contemporâneo, essa é a mesma obrigação que recai sobre o emissor de valores mobiliários que desfrutem de alíquota zero de imposto sobre a renda, emitidos no contexto da recente Lei 12.431, de 24 de junho de 2011.

[157] Idem, ibidem, p. 130.

Entretanto, reputa ser essa posição iníqua e com suporte em outros autores, que inclui na lista, dentre inúmeros outros, FRANTZKIUS, HUBER, SCHILTER, LAUTERBACH e REINHARTH, ser tal pacto de eficácia rejeitável, já que se trataria de mecanismo que tira proveito de vendedores em situação difícil e que seriam abusados por suposta astúcia de compradores ávidos por lucro.[158]

Ao passar para a dissertação acerca das obrigações do comprador, das possibilidades de defesa judicial dos direitos oriundos dos contratos de compra e venda, GLÜCK evidencia sua ideologia jurídica e a necessidade premente de se defender o vendedor. Na parte que aborda os pactos acessórios que frequentemente se inserem em contratos de compra e venda, os comentários migram para os famosos pactos de opção e direitos de preferência (*Vorkaufsrecht* e *Einstandsrecht*, respectivamente), sobre as pretensões imprevisíveis contra a coisa vendida, o pacto de retrovenda e os pactos comissórios. Foge-se, pois, de uma dissertação mais viva sobre as declarações de qualidade da coisa, que ficam mesmo limitadas ao § 985 do tomo 16, não sendo evidenciado, outrossim, a

---

[158] Idem, ibidem, p. 132. Esse argumento, com poucos fundamentos jurídicos para um Pandectista, expõe bem a razão que reina por trás da ideologia jurídica que sustenta o *caueat emptor*: a vilanização do comprador, o dito capitalista, a par de uma política dogmática que preserva o vendedor, exibe uma pré-ordenação de valores em desequilíbrio sobre o papel social dos adquirentes e dos alienantes em geral na sociedade oitocentista européia. Grande parte desse apego ao poder da compra, ao poder da aquisição da propriedade e ao poder do exercício da propriedade adquirida, remanesce no inconsciente popular brasileiro, cuja herança ordenativa de um valor social que reconhece o proprietário e o credor como "detentores de poder", se repete no direito codificado de 1916 e se reforça na esfera da revisão de 2002 e nos debates de reforma do processo civil e inclusive na ética jurídica que regula, atualmente, a Lei 11.101, de 9 de fevereiro de 2005. Diante de um código de proprietários, credores, herdeiros e titulares de pátrio poder (agora, "poder familiar" ou, como prefere parte da doutrina, "poder familial"), a dogmática sempre revisitou, ainda que inconscientemente, a noção de compra como sinônimo de poder e a noção de comprador como personalização desse poder de caráter burguês. Com a sociedade de consumo, esse valor se inverte e o comprador passa a ser tratado como uma figura hipossuficiente em muitas situações. Entretanto, no ramo das alienações de controle, que são compras civis ao modo antigo, com nuances, detalhes e formas totalmente pós-modernas, como visto pela natureza do objeto metafuncional do negócio jurídico de alienação de controle, a ideia do *caueat emptor* permanece. Daí a suposta razão pela qual, como se verá, o comprador limita a sua responsabilidade só e somente se extrair do vendedor as declarações enunciativas que garantem a qualidade da coisa.

3. ASPECTOS ESPECÍFICOS

sua precisa natureza (se realmente *pacto*, se *juramento*, se *estipulação*, se *demonstração* ou outra forma de informar a contraparte).[159]

A possível relação entre as declarações enunciativas, juramento e a prevenção de vícios por erro (*Irrthum*) ou dolo decorre de uma hipótese proposta por WINDSCHEID[160] ao questionar sobre a possibilidade de reforço de declarações de vontade por meio de juramento, com o fito de se amenizar ou afastar a invalidade da declaração de vontade viciada, quando reforçada por juramento (*Eides*). Discorrendo sobre a invalidade dos negócios jurídicos (*Ungültigkeit der Rechtsgeschäft*) em relação aos "erros de fato" (*factifcher Irrthum*) e os "erros de direito" (*Rechtsirrthum*), na seara dos motivos determinantes do erro, WINDSCHEID afirma que um juramento não ameniza a invalidade decorrente de um erro, sustentando a sua afirmação no próprio GLÜCK.

Assumindo a existência de dois tipos de juramento, a saber, os juramentos *promissórios* (*Verpflichtungseid*) e os juramentos *assertivos* ou *enunciativos* (*Versicherungseid*) e considerando a negativa de WINDSCHEID com relação à hipótese de relativização ou amenização dos mecanismos de invalidade sobre declarações de vontade *reforçadas ou não por declarações enunciativas ou assertivas*, ainda que na forma de *juramento*, podemos ter o início de uma hipótese que lida exatamente com a diferença e o

---

[159] No tomo 17 (Idem, ibidem), § 1037, pp.188-189, ao falar sobre as prováveis exceções à regra de transferência do risco do vendedor ao comprador, GLÜCK lembra que a regra se afasta se: (i) expressamente se *pactuou* que o vendedor suporta o risco até a tradição da coisa (p. 188) ou ... se (iv) a coisa se perdeu por vício antigo que já existia ao tempo do contrato e era desconhecido do comprador, com solução por via da ação redibitória (p.189).

[160] *Lehrbuch des Pandektenrechts...*, Tomo I (cit.); pp. 233-244 (§83a). A doutrina do erro, entretanto, em direito romano, é advertida por MOREIRA ALVES, José Carlos (*Direito Romano*, vol. I, idem; p. 174): "É certo que, primitivamente, o direito romano não levava em conta o erro. Só no direito clássico é que ele passa a ser considerado como elemento que exerce influência sobre a validade dos negócios jurídicos. No entanto, e tendo em vista a circunstância de que os textos que nos chegaram foram muito modificados pelos compiladores do *Corpus Iuris Ciuilis*, não conhecemos, com exatidão, os princípios com que os romanos disciplinaram a validade do negócio jurídico em face do erro, quer no período clássico, quer no pós-clássico". Ainda sobre o tema do erro no direito romano entre os estudiosos alemães, vide interessante texto de von JHERING, Rudolf, intitulado "Do erro sobre a *causa traditionis* nas convenções bilaterais" (*In Questões de Direito Civil*, trad. de Adherbal de Carvalho, 2ª ed.. Rio de Janeiro: Garnier, 1910; pp. 199-207), em que von JHERING analisa diferentes interpretações formuladas sobre tema idêntico por IULIANUS e ULPIANO. Como visto, o tema da *culpa in contrahendo* e as questões de boa-fé e respectivos deveres conexos sempre chamou bastante a atenção de von JHERING.

valor cultural que esse tipo de cláusula ou pacto representa para o direito brasileiro (de vínculo pandectista e racionalista), em oposição ao direito insular utilitarista e pragmático do universo anglo-saxão-americano.

Note-se que em nome de um racionalismo de um funcionamento fechado e lógico, conceitos abertos e formas que amenizam os resultados lógicos, sobretudo em matéria de vícios, são de pronto rechaçados e tidos com seu valor bastante encolhido. Para um racionalista que trabalha com códigos fechados, pouco importam os fatos e as declarações modificativas do estado, em detrimento da lógica das formas previstas no código. Qual seja, o chamado *suporte fático*, neste caso, não pode ter o dom de, se ajuntando a outros fatos, modificar as consequências jurídicas conforme os fatos em si, se não estiverem expressamente previstos nas normas.

Há, no universo da *common Law*, uma preocupação maior com o *perjúrio*, qual seja, com a quebra de um juramento ou a quebra de um *iura* (direito declarado)[161], do que com os racionalistas de quem herdamos toda a estrutura *lógico-científica*, no dizer de PONTES.

GLÜCK, citado por WINDSCHEID, em dissertação mais detida sobre o tema, ainda deixa algumas noções sobre o juramento que, por algum motivo, não migraram para o direito brasileiro e nem ocuparam tanto a Pandectística Germânica como viriam a ocupar alguns vários casos da *common law* britânica e precipuamente estado-unidense com o tema do *perjúrio*, que, em matéria cível tinha lugar no tema da chamadas *breaches of warranties* ou "violações de enunciados". Ao tratar dos juramentos assertivos voluntários extrajudiciais[162], GLÜCK se debruça com algum

---

[161] E nesse sentido o perjúrio está intimamente ligado ao problema da *injúria* no direito civil, de que já tivemos a oportunidade de debater sobre as respectivas raízes e trazer referências conforme Nota 122 acima.

[162] Note que não se reconhece a existência de *juramentos assertivos obrigatórios extrajudiciais* na forma com que se dá às cláusulas de declarações enunciativas ou de *representations & warranties*. Para GLÜCK (*Ausführliche Erläuterung der Pandecten*, tomo 4, cit.; pp. 189-192), os juramentos extrajudiciais são desprovidos de forma precisa e geralmente se iniciam com a cláusula *"an Eides Statt..."* [em lugar de juramento...]. GLÜCK adverte que essa fórmula, quando invocada em juízo, tem pouquíssima relevância e sua violação não constituiria pena de *perjúrio* (*Eidbrüchig*), somente válida para a violação de juramento judicial. Para essa afirmação, GLÜCK apóia-se na mais relevante obra do famoso penalista FEÜERBACH (mais precisamente em *Lehrbuch des Gemeinen in Deutschland Gültingen Peinlichen Rechts*, 14ª ed..

3. ASPECTOS ESPECÍFICOS

vagar sobre os juramentos a respeito da qualidade dos objetos[163], sobre os juramentos assertivos de veracidade e sobre os juramentos de ciência.

Entretanto, ao afastar a consequência de *perjúrio* para esse tipo de juramento e deixar de legar *pena alguma* para a quebra desse tipo de juramento extrajudicial assertivo, GLÜCK adverte que quanto mais importante for o objeto sobre o qual se faz juramento e, consequentemente, maior a tentação pela quebra do juramento, mais incisivo deve ser o alerta (*Warnung*) contido na declaração de juramento. Diferentemente dos Pandectistas, o problema da quebra de juramento extrajudicial na *common law* não é apenas uma questão de vício de vontade, mas é, por longo tempo, um problema de *breach of warranty* e *misrepresentation*, qual seja, um problema de contravenção civil que necessariamente engloba uma indenização, além de outras questões que envolvam o provável desfazimento total ou parcial do negócio, aproximando recursos de *law of torts* para as matérias de *law of contracts*, muito além da simples *culpa in contrahendo*.[164]

Giessen: Georg Friedrich Heyer's Verlag, 1847). Sobre o tema, WINDSCHEID oferece poucas mas excelentes notas (Op. cit., Tomo II, §§ 283 e 324, nas pp. 147 e 321), explanando como um juramento pode reforçar uma obrigação contratual, seja por pena pecuniária, seja por perjúrio. Ainda sobre o juramento volutário, no mesmo sentido de GLÜCK vide POTHIER, Robert-Joseph. *Pandectes de Justinian* (edição bilíngue com tradução de M. Breárd-Neuville). Paris: Dondey-Dupré, 1821, tomo 5, p. 284.

[163] *Ausführliche Erläuterung der Pandecten*, tomo 4 (cit.); p.194.

[164] Sobre a aproximação e interpretação *penal* que se dava às *breaches of warranties* (violações de enunciados), vide HORWITZ, Morton J. *The Transformation of American Law – 1780-1860*. Cambridge: Harvard Universisty Press, 1977; pp. 231, 232, 234-236. Em meio a outros temas, após explanar sobre a evolução do direito comercial estado-unidense durante o século XIX, HORWITZ mostra como o direito sobre *responsabilidade civil* influiu na construção de uma sociedade baseada em relações entre pessoas que estivessem completamente desvinculadas do mecanismo das contratações *intuito personæ* ou numa relação direta de fidúcia pessoal, desenvolvendo as contratações entre pessoas que não se conhecessem. Parte dessa evolução se deveu, conforme predisse HORWITZ, a inúmeros mecanismos jurídicos e contratuais que permitiam que um mínimo de "garantias legais" estava disponível para assegurar a performance dos contratos e evitar o inadimplemento. Em matéria de contratos de seguro, uma das providências foi eliminar a diferença entre *representations* e *warranties*, amenizando, igualmente, a força penal das violações de enunciados das cláusulas de *warranties* para que as seguradoras não mais alegassem efeitos penais decorrentes de declarações imprecisas nas apólices. Essa primeira batalha jurídica travada contra os institutos das cláusulas representativas, há muito aplicadas e praticadas em contratos entre partes desconhecidas, eram amenizadas por força do evidente desnível entre contratante

(segurado) e contratado (seguradora), nos casos abordados e estudados por HORWITZ. Por exclusão, podemos deduzir que em contratos em que as partes se encontravam no mesmo nível, não haveria porque amenizar os efeitos das *misrepresentations* e das graves violações de enunciados, as *breaches of warranties*. Em matéria de seguros, HORWITZ, ao dissertar sobre o nascimento de uma doutrina atuarial em substituição da antiga *strict warranty doctrine*, dá notícia de que o primeiro tratadista a travar duras críticas contra o uso das cláusulas enunciativas em apólices de seguros foi John DUER nos dois volumes de seu tratado *The Law and Practice of Marine Insurance* (Nova Iorque: J.S.Voorhies), de 1846 (*apud* HORWITZ, p. 234): "*He attacked the Anglo-American tradition of construing warranties 'as a condition, on the literal truth or fulfillment of which, the validity of the entire contract depends'. He proposed, instead that they be considered simply as representations whose 'substantial truth or performance' was sufficient for recovery under a policy and, most important, that these provisions should be 'construed, with great liberality, in favor of the assured'.*[(nota)]" ["Ele atacou a tradição Anglo-Americana de construção de garantias 'como condição, na literal verdade ou subsunção a ela, que a validade de um contrato como um todo dependeria'. Ele propôs, ao invés de serem consideradas simplesmente como declarações cujas 'verdades ou performances substanciais' fossem suficentes para recobrar, sob os termos de uma apólice e, sobretudo, que essas proposições devessem ser 'construídas com ampla liberalidade, em favor do assegurado'[(nota)]"]. Após DUER, HORWITZ credita a Theophilus PARSONS (*Treatise on the Law of Marine Insurance*, de 1868 – há uma quarta edição póstuma de 1898 editada em Boston pela Little & Brown) o trabalho pela sedimentação da doutrina atuarial e a completa erosão da *strict warranty doctrine* em matéria de seguros e que acabou sendo resumida a poucos contratos, tal qual os que envolvem alienação de controle, por exemplo. HORWITZ credita também às Cortes um papel bastante central na mudança desse entendimento e no recebimento desse influxo de idéias nos casos práticos enfrentados pelas cortes, sobretudo sob a pena do Ministro da Suprema Corte Joseph STORY (o caso fundamental nesse tema citado por HORWITZ seria o *Peters v. Warren Ins. Co.* (14 Pet 99-109 [1840], *apud* HORWITZ, p.235, além de outros casos citados na nota 96 ao Capítulo VII de sua obra).

Ainda sobre o valor que o tema perjúrio guardou para a cultura jurídica da *common law*, é de fundamental importância a leitura da obra de PULTON, Ferdinando. *De Pace Regis et Regni* (Londres: Companie of Stationers, 1609). Há uma recentíssima reedição fac-similar da obra de PULTON promovida pela editora Lawbook Exchange, de Clark, N.J., datada de Janeiro de 2007. Vale lembrar que a obra de PULTON, que retrata com bastante fidelidade a cultura jurídico-penal da Inglaterra sheakespeareana, tem o curioso sub-título "*A Treatise Declaring Which be the Great and Generall Offences of the Realme, and the Chiefe Impediments of the Peace of the King and the Kingdome, as Treasons, Homicides, and Felonies, Menaces, Assaults, Batteries, Ryots, Routs, Unlawfull Assemblies, Forcible Entries, Forgeries, Perjuries, Maintenance, Deceit, Extortion, Oppression: And How Many, And What Sorts of Them There Be, And by Whom and What Meanes the Said Offences, and the Offendores Therein are to be Restrained, Repressed, or Punished*" [Tratado acerca das grandes e gerais ofensas do Reino e os maiores impedimentos para a paz do Rei e do Reino, tais como Traições, Homicídios, Delitos Graves, Ameaças, Assaltos, Lesões, Rixas, Incitação de Comoções Públicas, Motins, Arrombamentos, Falsificações, Perjúrios, Esbulhos, Dolos Civis, Extorsões, Opressões: e quantos, de que tipo e por quem e quais meios essas ofensas e ofensores são impedidos, reprimidos ou punidos]. Note-se, na obra de

3. ASPECTOS ESPECÍFICOS

Sobre os requisitos do juramento, Glück fala do *veritas* (verdade), *iudicium* (capacidade) e *iustitia* (objetividade e legalidade)[165] e sobre a forma, adverte que se faz por uma declaração, asserção, atestado ou enunciado de fato (*Bestätigungs*), tendo por finalidade constatar ou afirmar a verdade de uma declaração[166], podendo conter um reforço a declaração de valor de um objeto controverso ou a declaração de verdade de outros elementos ou circunstâncias. O juramento, para Glück, na origem, teria natureza de transação, qual seja, meio de prevenção ou decisão de litígio.[167]

Apesar das hipóteses formuladas pelos Pandectistas Germânicos e a total ausência desse tema no direito brasileiro ordenativo, bem como no direito brasileiro codificado pós-1916, e a forte influência e valor dos juramentos no direito estado-unidense, carece observarmos nas fontes, antes de concluir este trecho, sobre o funcionamento desta terceira hipótese para natureza das cláusulas enunciativas.

O juramento (*iusiurandum*) é tratado no Livro XII do *Digesto*, em importantes passagens de Ulpiano, Iulianus e Paulus. Nas fontes, nota-se que o juramento tinha um verdadeiro valor de *garantia*. O juramento era uma *garantia* equiparável, substituível e até com poder de liberação de penhor (*D.*, 12, 2, 40).[168] Essa regra demonstra a força do juramento e o seu verdadeiro valor como *garantia*, legado, nessa forma, ao sistema jus-cultural estado-unidense.[169] Em alguns casos, a prestação de jura-

---

Pulton, a gravidade e o nível de ofensa em que o Perjúrio é colocado, na classe dos grandes delitos do Reino, ao lado de ofensas como o homicídio e a lesão. Ao lado de outras grandes ofensas, Pulton inclui o que aqui tratamos por *dolo* (nominalmente, as *misrepresentations* e os *deceits*).

[165] Idem, ibidem, pp. 202-209 (§§ 792-794).

[166] Idem, ibidem, pp.224-226 (§ 796).

167 Idem, ibidem, p.255 (§ 799).

[168] *Iusiurandum a debitore exactum efficit, ut pignus liberetur*, qual seja, "o juramento preciso executado pelo devedor, faz com que o penhor seja liberado".

[169] Não ao ponto de liberar um penhor ou uma garantia real, por óbvio, já que no direito romano a garantia dada em juramento podia submeter o jurador a uma exceção pessoal ou corporal perpétua (*perpetuam certe exceptionem parit*, no dizer de Iulianus na mesma passagem *D.*, 12, 2, 40). O jurador garantia, ele mesmo, com suas próprias forças, o cumprimento do pacto ou do contrato, podendo ser manumetido em caso de quebra do juramento prestado a um credor. A força do juramento é inclusive reconhecida contra genitores, patronos, patrões e senhores (*D.*, 12, 2, 14, cfr. Paulus: *Quotiens propter rem juratur, nec parenti, nec patrono remittitur jusjurandum*, qual seja, "Quanto mais se jura por

mento podia inclusive constituir fraude contra credores, se prestada sem o consentimento desses (*D.*, 12, 2, 9, 5, cfr. ULPIANO) e em muitos casos, era irrevogável com relação às coisas juradas e equivalente a um mútuo, como se verdadeiro crédito de dinheiro fosse (*D.*, 12, 2, 14, cfr. PAULUS: *Jusjurandum de re, est de mutuo, seu pecunia credita*)[170]. Em outra passagem, ainda se garantia que as grandes corporações, como os municípios, podiam prestar juramentos por meio de seus *Defensores*, desde que um mandato especial para tanto autorizasse (*D.*, 12, 2, 34, 1, cfr. ULPIANO).[171] Note-se que, modernamente, muitas cláusulas enunciativas procuram extrair declaração de que o contratante "tem poderes para declarar aquilo em nome da companhia alvo", que "não depende de ninguém para poder fazer aquelas afirmações", que "suas afirmações e atos não prejudicarão direitos de terceiros" em evidente prevenção a fraude de credores e etc.

Há, portanto, nos antigos juramentos, uma grande força motriz que se assemelha muito ao mecanismo das *representations and warranties* em direito estado-unidense, no mesmo passo em que há nos pactos adjetos, a mesma força motriz que consola as cláusulas representativas em direito brasileiro com o mecanismo dos vícios de consentimento, sobretudo o erro e o dolo.

3.3.3. *Os enunciados e cláusulas representativas no direito contemporâneo: elos perdidos do* caueat emptor *e dos juramentos*

A hipótese acima formulada, ainda que baseada em fortes evidências, não está suportada por uma afirmação autorizativa derradeira que relacione as *warranties* com os *iuriuranda* e os enunciados representativos do direito brasileiro com os *pacti* e as *dictæ*, ou, ainda, com as *demonstratione*. Talvez isso se deva a carência de fontes legais estado-unidenses aqui em hemisfério sul, talvez possa se dever à falta, mesma, do indício derradeiro

---

uma coisa mesma, nem ao genitor, nem ao patrão se revoga um juramento"). Essa forma corporal de juramento, por óbvio, não cabe mais, mas a força de seu sentido pessoal ainda se encontra fossilizada em algumas discussões sobre *misrepresentation* e *breach of warranty* que são ameaçadas ao nível do perjúrio e da seara criminal, em completa dissonância com as soluções dadas pelo direito privado.

[170] Sobre o juramento como meio de pagamento, vide POTHIER, R.J. (Op. cit., tomo 5); p. 316.

[171] *Defensor municipium vel cuius vis corporis, jusjurandum deferre potest, si super hoc mandatum habeat*, qual seja, "O Defensor de um município ou de certas corporações pode prestar juramento, se um mandato especial para tanto detiver".

3. ASPECTOS ESPECÍFICOS

que se procura e que possa relacionar essas grandezas qualitificativas em direito estado-unidense, tal qual se encontrou em direito brasileiro e em seus parentes próximos na Pandectística Germânica. Mas esta tarefa fica para um segundo momento.

De ora em diante, assumindo essa hipótese como premissa, discorre-se abaixo, em breves linhas, sobre o isolamento da força das *warranties* para os contratos de alienação de controle, paralelamente ao isolamento do princípio do *caueat emptor* para esses mesmos contratos.

A cultura estado-unidense, ao evoluir para um universo de contratantes desconhecidos e para uma plena sociedade de comércio e consumo, desenvolveu mecanismos jurídicos padronizados que assegurassem o cumprimento das obrigações, mesmo entre desconhecidos.[172] Os ataques à doutrina da *strict warranty* partiram em direção do direito dos contratos de seguro, se espraiando para outras searas como direito do consumidor e outras formas de contratação em que os contratantes estão em desnível evidente e em condições diferenciadas para declarar e vincular as respectivas vontades em um instrumento equânime.

Em direito brasileiro, fizemos isso por intermédio do Código de Defesa Consumidor, a Lei nº 8.078/90, por meio dos artigos 37 e 46 a 54, com destaque para o artigo 51. A doutrina consuetudinária do direito estado-unidense não se deu em um ato, mas construiu-se ao longo de dois séculos de precedentes e tratados.

O principal embate na construção desse direito estado-unidense do século XXI, em que direito contratual e responsabilidade civil caminham lado a lado, se deu na forte cruzada contra o princípio do *caueat emptor*, qual seja, "que se acautele o comprador". No grande universo dos contratos de alienação de controle essa é a regra: "que se acautele o comprador" e, acautele-se por meio de propostas altamente condicionadas, selecionadas com pesadas premissas, por meio de investigações, *due diligences* e, por fim, por meio de uma consistente linguagem na descrição do objeto e seus acessórios, com precisa demarcação dos enunciados de fato e de objeto, bem como indubitável delimitação de responsabilidades por sucessão demarcadas nas cláusulas indenizatórias e de procedimentos de cobrança de indenização entre partes, por

---

[172] Sobre esse interessante tema, vide FRIEDMAN, Lawrence Meir. *Total Justice*. Nova Iorque: Russel Sage Foundation, 1994. No mesmo sentido, o que expusemos acima na Nota 163 é aplicável, sobretudo em matéria de seguros.

regresso. Contratar, como visto, sempre foi um procedimento de risco para o comprador, cuja razão se inverteu completamente na sociedade pós-moderna de consumo e relegou esse dever de cautela do comprador apenas para contratos em que as partes estão em um mesmo nível, como em contratos civis de compra e venda entre particulares[173] e as alienações de controle entre grupos empresariais, as vezes até concorrentes entre si.[174]

Contudo, vale lembrar, ainda que superficial e passageiramente, que o princípio do *caueat emptor* foi sempre o mais combatido princípio do direito contratual por pelo menos dois séculos no direito estado-unidense, até que ficasse resumido às alienações de controle.

Num universo em que todos os contratos funcionavam sob o império do *caueat emptor* e da *strict warranty doctrine*, bem antes do combate aberto contra esta última, houve o ataque formal à doutrina do *caueat emptor*. Essa crítica sistemática tem início em 1825 com a importante obra do jurista e deputado federal por Nova Iorque Gulian Crommelin VERPLANCK, em seu *An essay on the doctrine of contracts: being an inquiry how contracts are affected in law and morals, by concealment, error, or inadequate price*.[175]

---

[173] Exemplo disso são as compras e vendas de automóveis entre pessoas que não exercem o ofício de "compra e venda de automóvel usado", qual seja, venda de um automóvel de um particular para outro particular. Tanto nos EUA quanto no Brasil, esse tipo de negócio não comporta restrições ao *caueat emptor* e as vendas são, em grande parte, feitas nas bases de cláusulas "*as is, where is*" (do jeito que a coisa se encontra, onde quer que esteja). Poucas alienações de controle são feitas nessas bases, mas ainda é possível se rememorar de alguns casos comumente tratados no mercado por "vendas de porteira fechada". Ainda nesse tipo de negócio jurídico, como dito acima, um mínimo de cautela por parte do comprador acaba sendo tomada, como a análise de contratos principais (ou de um único contrato principal), dos atos societários em vigor e das últimas demonstrações financeiras.

[174] Vide o recente caso no direito brasileiro sobre a fusão da Cervejaria Brahma com a Cervejaria Antártica, dos bancos Itaú e Unibanco e do conglomerado Nestlé com o conglomerado Lacta.

[175] VERPLANCK, Gulian Crommelin. *An essay on the doctrine of contracts: being an inquiry how contracts are affected in law and morals, by concealment, error, or inadequate price*. Nova Iorque: Carvill, 1825. Há pouquíssimos volumes dessa importantíssima obra para serem consultados. Uma das poucas bibliotecas que mantém um volume desse ensaio de VERPLANCK à disposição para consulta é a biblioteca da Faculdade de Direito da Universidade da Virginia, em Charlottesville. Em 2006, entretanto, uma edição facsimilar da obra foi levada ao prelo em um lançamento especial, em poucos e restritos exemplares, pela editora Lawbook Exchange de Clark, Nova Jérsei.

3. ASPECTOS ESPECÍFICOS

Ainda que em franca resistência a reconhecer a separação entre direito e moral, e, neste particular, mostrando alguma influência da doutrina de BENTHAM, VERPLANCK preocupa-se com uma forma mais subjetiva de se enviesar o valor das coisas em uma verdadeira economia de mercado. Nesse passo, VERPLANCK dá um imenso valor ao processo de barganha, qual seja, ao que chamamos aqui, com o apoio de Clóvis Veríssimo do COUTO E SILVA e Judith MARTINS-COSTA, de *processo obrigacional* e a existência de uma necessária boa-fé objetiva que impede os contratantes de agirem em completo desfavor de suas contra-partes.

VERPLANCK denuncia uma sensível influência das partes na construção do valor da coisa que é objeto do negócio jurídico e nesse sentido, dá grande destaque ao conhecimento mútuo e recíproco de todos os fatos materiais que envolvem a tradução da coisa num valor monetário, em crítica severa à solução dada ao caso *Laidlaw v. Organ*, de 1817, relatado na Suprema Corte pelo Ministro MARSHALL, onde se assegurou que nenhuma obrigação haveria por parte do vendedor em informar o comprador sobre dados que afetariam seriamente a avaliação da coisa.[176] VERPLANCK, ao atacar essa decisão que premiava o vendedor que retia a informação em proveito próprio, reputa que, sem prejuízo do reconhecimento justo e legal do uso de certas astúcias durante a barganha para a determinação do valor da coisa vendida, a retenção de informações essenciais prejudica a economia de mercado e favorece a fraude.

São de VERPLANCK, já em 1825, estas importantes afirmações: "A BOA-FÉ é essencial para as obrigações inscritas em contratos (...). Quando em qualquer contrato ou venda uma vantagem é obtida por *ocultação* de algo conhecido em conexão com fatos *relevantes* a respeito dos termos ou do objeto do negócio jurídico, que necessária e claramente afetem todos os cálculos de preço cujas demandas e ofertas bem como avaliação se prestarem para fixar o preço de mercado de bens semelhantes; tal ocultação é um inadimplemento da presunção de confiança e, portanto, algo contra a justiça. Tais fatos relevantes, necessariamente parte dos cálculos de avaliação do valor de mercado, podem estar relacionados a circunstâncias *extrínsecas* ou *intrínsecas* ao objeto do negócio jurídico. Circunstâncis extrínsecas que afetam, com relevância, os termos de

---

[176] Sobre a obra de VERPLANCK, vide os interessantes comentários de HORWITZ (Op.cit., pp. 182-183).

um contrato, são aquelas que influenciam o preço de mercado de bens semelhantes ou o seu valor de troca. Circunstâncias instrínsecas que afetam, com relevância, os termos de um contrato, são aquelas que estiverem relacionadas às *qualidades* do objeto do negócio jurídico, que em bens semelhantes ajustam-nos para o uso ordinário e criam demanda para os que usam ou desejam usar tais bens, dando-lhe valor em vendas ou trocas".[177]

Na sequência, seu desfecho é marcante: "Ocultação de tais circunstâncias, sejam intrínsecas ou extrínsecas, se forem relevantes no conteúdo e na gravidade, vicia o contrato, independentemente do tempo em que a venda ocorreu ou foi contratada para seu uso ordinário. Quando

---

[177] Do original, colhe-se (pp. 226-227): "GOOD FAITH *is essential to the obligation of contracts (...). When in any contract or sale advantage is taken by* concealment *of knowledge as to any of those* material *facts concerning the terms or the subject fo the contract, which necessarily and of course enter into all calculations of price among those whose demand and supply, and estimation of value, fix the market price of similar things; this concealment is a breach of implied confidence, and therefore unfair. These* material *facts, necessarily entering into all calculations of market price, may relate either to* circumstances extrinsic, *or to those* intrinsic *to the subject of the contract. Extrinsic circumstances, materially affecting the terms of a contract, are those which influence the market price of such things, or their exchangeable value. Intrinsic circumstances material to the terms of a contract, are such as relate to those* qualities *of the subject of the contract, which in similar things fit them for their ordinary use, and create the demand of those whose use or desire for such things give them their value in sales or exchange"* (assim).

Ainda a respeito da relação entre a evolução das várias teorias contratuais e a responsabilidade civil decorrente de danos oriundos por inadimplemento contratual, a erudita obra de Roscoe POUND (*Introduction to the Philosophy of Law*, 2ª edição, 2ª reimpressão. New Haven: Yale University Press, 1982) aborda o tema com muita profundidade. O estilo aristotélico de POUND, na liderança da escola realista nos EUA, agregado a elementos técnicos que mostram claramente as opções teóricas dos países da *common law* frente a institutos de Direito Romano em matéria contratual e de danos, abre-se em obra de consulta obrigatória àqueles que queiram compreender a ponte teórica existente entre o direito romano e a *common law*. Sobre o tema que nos diz respeito aqui, POUND faz percuciente análise das várias teorias que informam a interpretação e a formação de contratos em países da *common law* (pp. 142 e segs.), aborando, inclusive, a questão do significado do mecanismo do *sinalagma* em matéria contratual (p. 143, bem como nota 44 deste trabalho). A análise dos reflexos dessas várias teorias, inclusive sob a ótica do marxismo e do "codificismo" francês (p. 161) permite compreender as causas dessa evolução, bem aclarada, tecnicamente, em textos como o de VERPLANCK. No que tange ao mecanismo da culpa por inadimplemento em matéria contratual (pp. 72-106), POUND faz análise interessante sobre a relação entre delito, culpa civil e responsabilidade, que se completa com a leitura em perspectiva de obras como a de PULTON (vide nota 163 acima).

3. ASPECTOS ESPECÍFICOS

uma finalidade específica do bem comprado é convencionada, intenta-se, de uma parte e é sabido pela outra, que haverá inadimplemento da presunção de confiança se há alguma vantagem na ocultação de fato que, se conhecido, afetaria o patrimônio ou o valor do bem sob estimativa que qualquer homem médio teria do mesmo objeto e em respeito ao qual o contrato, por si, provar que se presume não teria sido obtida qualquer vantagem. É perfeitamente justificável em negociações que se use uma sagacidade superior ou probabilidades, ou que se apliquem maiores habilidades ou informações mais precisas em fatos que não necessariamente façam parte de cálculos comuns de preço e a respeito do qual nenhuma presunção ou crença, explícita ou implícita, poderia razoavelmente ser pactuada, que se cada parte possuísse um conhecimento superior, a essa parte não caberia usá-lo. De qualquer forma, seja por um costume do comércio ou por palavras expressas, se um aviso é dado no sentido de que a venda ou contrato é feito sob todos os riscos e sem qualquer recurso em caso de erro ou perda; nenhuma parte é responsável, exceto em caso de fraude direta e positiva".[178]

Concluindo, o jurista estado-unidense sela: "O vendedor, seja de bens, de serviços ou de uso de coisas, presumivelmente assegura o que vendeu contra qualquer defeito não divulgado, que torna as coisas imprestáveis ao uso que se propõe delas, ou para escopos comuns de coisas semelhantes ou ainda que lhe diminua tanto as possibilidades de uso que o comprador não a teria adquirido ou assim teria feito mediante um preço muito menor, caso soubesse de tais defeitos. Essa garantia

---

[178] Das pp. 228-229, extrai-se do original: *"Concealment of such circumstances, whether intrinsic or extrinsic, if they are material in nature and degree, vitiates the contract, whenever the thing is sold, or contracted for, with reference to its ordinary uses. When a special purpose for the thing bought or agreed for, is intended by one party, and known to be so intended by the other, it is a breach of implied confidence, to take an advantage by concealment of any such fact, as, if known, would affect the worth or value of the thing in the estimation of any reasonable man having the same object; and with regard to which, the agreement alone proves that it was presumed no advantage would be taken. It is perfectly justifiable in bargains to use superior sagacity as to probabilities, or to apply greater skill and more accurate information, as to those facts which do not necessarily enter into the common calculations of price; and concerning which no presumption or confidence, express or implied, can reasonably be entertained, that if either party possessed superior knowledge, he would not use it. Wherever, either by the known usage of trade, or by express words, notice is given that the sale or agreement is made at all risks, and without recourse in case of error or loss; neither party is answerable except for positive and direct Fraud."*

inclui defeitos desconhecidos pelo vendedor, bem como aqueles por ele sabidos".[179]

Esse argumento foi largamente usado até o desenvolvimento das mais radicais regras de *disclaimers* obrigatórios que se tem notícia desde fins do século XX. A mudança no uso e no sentido técnico das *warranties clauses* é muito bem analisada por FRIEDMAN[180], ao fazer uma peculiar e notável comparação entre a regra oitocentista estado-unidense da *caueat emptor* e a noção de "responsabilidade objetiva" (*implied warranty*) da *civil law*. Em sua comparação, FRIEDMAN analisa o caso *McFarland v. Newman*, de 1839 e relatado na Suprema Corte do Estado da Pennsylvania pelo "Desembargador" John GIBSON, sobre a compra por Newman, de um cavalo doente, que McFarland, o vendedor, havia assegurado ao comprador Newman se tratar de um semovente saudável. FRIEDMAN nota: "No século XX, 'garantia' significa uma promessa de qualidade que é exequível apesar de intenção ou falta. Um supermercado é responsável perante sua cliente se ela adoecer em virtude de uma sopa adulterada, ainda que a empresa que envasou a sopa, tenha lacrado o vasilhame de sopa antes mesmo de ter chegado na prateleira do supermercado. No tempo de Gibson, a 'garantia' ainda era fortemente colorida com os traços de seu sentido histórico, que restringia o reembolso para evidentes e ululantes más condutas".[181] Mais adiante em sua obra, FRIEDMAN sacramenta: "Certamente, as cortes desenvolveram teses de responsabilidade subjetiva para grandes fabricantes; frequentemente, estabeleceu-se que essas regras não se estendiam para contratantes em igualdade".[182]

---

[179] Na p. 230, assim: "*The seller, whether of goods, of services, or of the uses of things, impliedly warrants against all secret defects of what he sells, which make the thing useless for the object for which it is avowedly intended, or for the common purposes and uses of similar things; or which so lessen those uses that the buyer would not have purchased, or only at a lower rate, if he had known such defects. This warranty includes defects unknown to the seller, as well as those known to him*".

[180] FRIEDMAN, Lawrence Meir. *A History ...*, Idem; pp. 264-265.

[181] FRIEDMAN, L.M.. Ibidem; p. 265: "*In the 20th century, warranty means a promise of quality, which is enforceable regardless of intention or fault. A supermarket is liable to its costumer if she takes sich from adulterated soup, even though the soup company sealed the soup can before it ever reached the supermarket shelf. In Gibson's day, warranty was still strongly colored with its historical meaning, which restricted recovery to open, blatant deceit.*"

[182] FRIEDMAN, L.M.. Ibidem; p. 541: "*Indeed, courts developed the implied warranties furthest for manufacturers; frequently, it was held that these rules did not extend to dealers.*". Nesse mesmo sentido, vide o notável estudo de Richard CRASWELL, "*Taking Information Seriously: Misrepresentation and Nondisclosure in Contract Law and Elsewhere*" (*In Virginia Law Review*, vol. 92, n.4.

3. ASPECTOS ESPECÍFICOS

3.4. Verdade, objeto e valoração: "coisa-preço-consenso" nas transferências de controle

Conforme se pode notar ao longo desta dissertação, as questões envolvendo as declarações enunciativas têm um foco voltado a convenção de uma verdade. Não apenas o direito romano clássico, passando pelas intervenções de Cícero e pela revisão dos Pandectistas germânicos e pelos utilitaristas anglo-americanos, se ocupam do conceito de *verdade* para o direito contratual, mas também a lei posta.

Contudo, a verdade da lei posta que este texto propõe explorar, com vistas à definição da efetividade das representações contratuais, é uma verdade muito particular e própria do direito.[183] A verdade jurídica, ao

---

Charlottesville, VA: Virginia Law Review Association, Junho de 2006; pp. 565-632) talvez um dos únicos em matéria de *misrerpresentation* em direito norte-americano, como informa o próprio autor na nota de rodapé 119 de seu texto (p.565, *"contracts scholarship has devoted little attention to issues of misrepresentation"* – "a doutrina de direito contratual dedicou-se muito restritamente no tema dos enunciados falsos ou enganosos"). Em linha com Friedman, Craswell demonstra de maneira clara o papel da disciplina das *misrepresentations* em articulação com a proteção consumeirista em primeiro plano, focada em problemas de anúncio de produtos e informação sobre produtos postos à venda em varejo, ao largo de outras aplicações tal qual a que aqui se estuda, em favor de uma visão marcadamente jus-econômica baseada na premissa de que a informação se presta para a melhoria da qualidade do produto e pode influir no preço, dependendo do custo da informação e do custo do respectivo fluxo dessa informação (pp. 566-574 e 592-593). Ainda assim, é estudo aprofundado que merece atenção. Vide também Kevin Davis, *"Licensing Lies..."*, cit., e Donald C. Lagenvoort, *"Half-Truths: Protecting Mistaken Inferences By Investors and Others"*, *In Stanford Law Review*, vol. 52. Palo Alto, CA: The Board of Trustees of Leland Stanford Junior University, Novembro de 1999, pp. 87-129, desenvolvendo o problema das declarações falsas com foco na legislação do mercado de capitais e distribuição pública de valores mobiliários.

[183] A chamada *verdade jurídica* não pode se confundir com outras "verdades", tais como a verdade religiosa, a verdade científica, a verdade filosófica e outras buscas do sentido, do conceito e do conteúdo do termo e da idéia de *verdade*. E logicamente, dentro de cada ramo, escolas divergem sobre o conceito de verdade. A religião, por exemplo e os estudos de teologia oscilam em conceitos de verdade que não são uniformes: a verdade judaico--cristã, em tom sempre revelador, costuma diferir de uma verdade muçulmana ou de uma verdade típica das religiões afro-brasileiras e afro-americanas. No campo filosófico a verdade paira sobre o oposto da dúvida: vale lembrar que desde a ἀλήθεια [*aléthéia*] aristotélica (Vide Ética a Nicômaco, II, vii, 12-13), que pregava por uma verdade resultante de uma mediação de valores [μέσος] oposta à prepotência [ἀλαζονεία], resultando da exageração dos valores, até a recente revisão de J. Derrida (*A Farmácia de Platão*, tradução de Rogério Costa para *La pharmacie de Platon*, 3ª ed.. São Paulo: Iluminuras, 2005, pp. 13 e ss.) à saudação [χαίρειν] socrática nas primeiras linhas do *Fedro* de Platão, que reinterpreta a *verdade filosófica* como oráculo ou hermenêutica evoluída a partir do "saber de si", a dúvida

REPRESENTATIONS & WARRANTIES NO DIREITO BRASILEIRO

contrário da verdade em outros ramos do conhecimento, é uma verdade convencionada. E essa verdade jurídica convencionada é, como se verá, um tipo de verdade jurídica afeita ao ramos dos contratos comerciais e do direito contratual em geral, ao contrário da verdade processual, da verdade no direito penal, da verdade no direito público e de outros conceitos de "verdade" que não se confundem com a verdade mencionada no Código Civil.

Por outro lado e como visto no proêmio deste trabalho, há algum consenso de que a doutrina e a prática do direito privado brasileiro se perdeu em uma importação recente que, eventualmente, não seria recepcionada pelo direito brasileiro[184]. Essa visão, entretanto, não nos parece inteiramente correta.

ou o questionamento são caminhos constantes na busca da *verdade* com valor filosófico. Já, o discurso científico, ainda que realizado, é sempre considerado um *discurso em atualização* resultante de um processo em que as realizações interpolares de "verdade" são sempre provisórias no curso das pesquisas. A verdade científica é, portanto, na maioria das vezes, uma *verdade sintática e dialética* (vide A. J. GREIMAS. *Semiótica do Discurso Científico...*, Op. cit., pp. 6-7). A preocupação aqui, é, pois, com a chamada verdade jurídica: não apenas aquela verdade do jusnaturalismo oposta ao positivismo jurídico e intermediada pelo realismo jurídico, conforme ressaltado por N. BOBBIO (*Teoria Generale del Diritto*. Torino: Giappichelli, 1993, pp. 32-44) na busca da relação entre o justo e o jurídico, mas, abaixo ainda dessas teias, aquela verdade típica dos comerciantes, bem lembrada pelo escorço histórico de L. S. MARUOTTI (*Gli Obblighit di informazione...*, Op. Cit., pp. 39 e ss.), resultante das práticas e do conceito objetivo de boa-fé, presente no direito não apenas hoje, mas desde há muito. Exclui-se, portanto, ainda, dessa verdade jurídica aplicável aos comerciantes e contratantes em geral, aquele conceito de verdade que o processualística se ocupa, bem como o direito penal e as outras esferas do direito público, assim como outras esferas do direito privado como o direito de família e os direitos reais. A verdade jurídica do direito contratual mercantil é, pois, como se verá, uma verdade de declaração e de convenção, estruturada integralmente pela aceitação mútua de um parâmetro recíproco de boa-fé adotado, em mesmo nível, por ambos os contratantes.

[184] ENEI, J.V.L.. Op. cit.; pp. 232-233: "No direito brasileiro, afora o propósito de constituir mais um instrumento de controle externo a serviço do financiador, a função dessas declarações é menos evidente, até porque, tendo sido recentemente importadas da experiência estrangeira, ainda não foram suficientemente testadas em juízo, nem tampouco estudadas pela doutrina pátria. Certamente elas não têm aqui o efeito poderoso de que gozam nos países de *common law*, tendo em vista que, de um modo geral, a lei processual brasileira não estipula remédios processuais distintos para diferentes fundamentos legais, nem muito menos contempla danos punitivos em matéria de responsabilidade contratual e extra-contratual".

3. ASPECTOS ESPECÍFICOS

Como observamos da evolução explicitada acima, o problema das cláusulas enunciativas é uma típica questão de *ressemantização jurídica* ou *reenvio semântico* de algo que sempre esteve presente em nosso direito (com menor intensidade do que no direito estado-unidense, faça-se justiça) mas que o paupérrimo uso de seus recursos e alternativas, quase enconstou-lhe para a inexistência. Qual seja, o assunto sempre esteve demarcado no Código Civil de 1916, ainda que mui timidamente, e em alguns outros pontos esparsos da legislação nacional, sem a devida atenção da doutrina de direito civil.

A existência das cláusulas enunciativas e de seus efeitos jurídicos estava inscrita no artigo 131 e Parágrafo Único, assim: "Art. 131. As declarações constantes de documentos assinados presumem-se verdadeiras em relação aos signatários. Parágrafo Único. Não tendo relação direta, porém, com as disposições principais, ou com a legitimidade das partes, as declarações enunciativas não eximem os interessados em sua veracidade, do ônus de prová-las". No Código Civil de 2002, esse artigo recebeu nova numeração, sem alteração da sua redação. Desde 2002 como artigo 219, a citada disposição sempre esteve na lei brasileira por todo o século XX, sem que se reconhecesse a sua força enunciativa para fins de delimitação do objeto, autoridade das partes e prevenção de erros.

A expressão "... presumem-se verdadeiras em relação aos signatários", reconheça-se, nunca foi investigada a fundo pela doutrina nacional. Essa verdade intersubjetiva, uma espécie de verdade construída e convencionada pelas partes, uma verdade resultante de um *processo de barganha*, incomoda ou talvez não chama a atenção da platônica doutrina dominante. O atalho existente no Parágrafo Único traz, para um raciocínio binário, maior confusão do que esclarecimento, ao aduzir que "...as declarações enunciativas não eximem os interessados em sua veracidade, do ônus de prová-las".

Sem querer retornar a um debate filosófico sobre a verdade, deixado em nota linhas acima, vale perguntar *en passant*: que verdade seria essa que só vale entre duas pessoas? *Verdade*, em qualquer dicionário de qualquer língua e em qualquer aula de filosofia, deve ser algo que, pelo menos, necessite valer para todos. Portanto, que *verdade* é essa que só vale para quem nela se convenciona? Que *verdade* é essa que não se compromete com a *realidade* e com a *exatidão*? Uma verdade que arrisca trair a própria essência das coisas, pode ser tratada como *verdade*? Mais: que *verdade* é essa que, para valer no mundo além daquele universo construído intersubjetivamente, necessita ser provada?[185]

O problema que envolve o *"quid ueritas?"* do artigo 219, além de passar ao largo da doutrina e de boa parte da jurisprudência, justamente por estar alocado no Título sobre as "Provas" no Código Civil, sempre foi visto como algo que, apesar do enunciado, não eximia o interessado de "redemonstrá-la" a quem de autoridade. ENEI tem razão em afirmar que a função de uma declaração enunciativa em direito brasileiro é "menos evidente", tem razão em afirmar que "não foram suficientemente testadas em juízo"[186], e, igualmente, ao afirmar que "foram pouco estudadas pela doutrina pátria". Mas, a parte o engano de que foram "recentemente importadas", é certo também que elas não gozam, no Brasil, do mesmo prestígio que têm em países da *common law*, nem tanto pela propalada ausência de "remédios processuais distintos para diferentes fundamentos legais" e muito menos pela suposta ausência de efeito punitivo em matéria de responsabilidade contratual, como logo se verá, e, menos ainda, pelo silêncio da nossa lei, mas, certamente, pela desatenção na leitura.

Justiça seja feita, Clóvis BEVILÁQUA deixa a pista nunca seguida a respeito desse tipo de mecanismo contratual: "Presumem-se verdadeiras,

---

[185] Nesse passo, a *verdade* do artigo 219 do Código Civil estaria em dissonância com o conceito de *verdade* de que nos propôs JUNQUEIRA DE AZEVEDO: "É verdade a correspondência entre pensamento e realidade (*adaequatio rei et intellectus*)" (AZEVEDO, A. Junqueira de. Op. cit.; p. 169). Junqueira de AZEVEDO parece, neste primeiro momento, propor um conceito de verdade mais próximo de uma verdade filosófico-platônica do que propriamente jurídica. Contudo, ao sabiamente contrapor ao conceito de *verdade* o conceito de *erro* ("Ora, o erro é o contrário da verdade", p. 170), o Prof. Junqueira de AZEVEDO complementa o conceito formulando solução tipicamente jurídica de *verdade* e que se adapta perfeitamente à leitura do então artigo 131, agora 219 do Código Civil, sobretudo quando afirma que o pensamento se "adapta" à realidade. Verdade, para Junqueira de AZEVEDO, aplicável ao âmbito das obrigações é *adequação do pensamento às coisas ausentes os erros: adaequatio rei et intellectus absesset errore*. Isso é exatamente o que ocorre nos processos obrigacionais de alienação de controle, em que a correspondência entre o que um comprador avalia e decide é intermediada, via preço, à realidade do bem analisado e auditado, a saber, a empresa alvo e as suas formas de controle. Ao tratarmos de *erro*, logo abaixo, o tema do valor de verdade dos enunciados será retomado nesta acepção formulada por Junqueira de AZEVEDO em associação à idéia da alienação de controle como um *processo obrigacional*.

[186] Uma das poucas notas a respeito do trato jurisprudencial do tema é feita por MONTEIRO, Washington de Barros. *Curso de Direito Civil – Parte Geral*, 1º volume, 20ª ed.. São Paulo: Saraiva, 1981; p. 252, nota 27.

3. ASPECTOS ESPECÍFICOS

em relação aos signatários, as declarações que tenham feito sobre o objecto do acto celebrado, porque, precisamente, nessas declarações está a substância do acto. Sem esse presumpção, os negócios jurídicos, feitos em boa-fé, não teriam firmeza, e a vida social se não poderia desenvolver. É uma necessidade coexistência humana a segurança das relações jurídicas. E uma de suas formas é a consagrada no artigo 131, princípio"[187].

BEVILÁQUA dá os três elementos necessários que envolvem os efeitos de uma cláusula enunciativa: *convenção irrevogável* (como ocorria nos juramentos romanos), *revelação da substância do ato a ser performado e essência do objeto* e *boa-fé objetiva*. Em continuação, lembra BEVILÁQUA: "As enunciações, porém, que não têm relação directa com as disposições principaes, que são incidentes, explicações, desenvolvimentos, **às vezes ociosos ou excessivos**, já não podem ser consideradas, com o mesmo rigor, pelo direito. São affirmações, que devem ser provadas pelo interessado, porque não formam parte essencial e própria do negócio jurídico" (negritos editados aqui).[188]

Note-se que o mister de BEVILÁQUA ao analisar o papel das declarações enunciativas no direito privado brasileiro é incomparável. BEVILÁQUA é tão preciso quanto conciso e tira da própria lei o que essa *verdade* possa significar. A prova dos enunciados não é dirigida para todos os enunciados, mas apenas para os "ociosos ou excessivos", os prolixos ou inúteis, os inconvenientes e, sobretudo, os que não têm relação direta com o negócio jurídico, em nosso caso, da alienação de controle ou do controle em si. Declarações que afirmam estar as partes de boa-fé, serem as assinaturas verdadeiras ou estar a companhia devidamente constituída são exemplos típicos e recorrentes de enunciados inúteis e que não eximem a parte que quer se beneficiar da falsidade de uma declaração como essas, de prová-la cabalmente.

Isso já não se aplica para declarações exaustivamente demonstradas e referidas em um anexo, como a declaração sobre a lista de processos em andamento até a data da assinatura do ato, a declaração sobre todos os planejamentos fiscais e interpretações de incidências legais sobre fatos geradores da empresa alvo que possam afetar a análise de risco do exer-

---

[187] BEVILÁQUA, C.. Op. cit.; pp. 387-388.
[188] Idem, ibidem; p. 388.

cício do controle, alterar contingências ou expor a empresa alvo a um risco maior do que o calculado para a aquisição do controle.

É nesse contexto que o papel do advogado com relação à precisão da linguagem e à essencialidade das declarações se faz presente. Evitar declarações ociosas, inúteis ou excessivas é de fundamental importância para que o negócio jurídico tenha o preciso talho da realidade de onde se necessita fazer incidir os efeitos jurídicos pretendidos e desmembrados em uma cláusula de indenização ou em uma cláusula de resolução. Incidências, explicações, cláusulas brancas, desenvolvimentos, para manter a linguagem de Beviláqua, são recursos que devem ser evitados para a boa consecução do negócio e do objeto do contrato.

Nessas especiais circunstâncias, nota-se que a nossa lei em um pequeno, porém precioso trecho de nossa doutrina, dá lugar fundamental às declarações enunciativas não como elemento de prova, mas como meio de se dispensar prova, desde que o enunciado guarde relação direta com o negócio jurídico. Entretanto, resta ainda, para efeitos teóricos, anotar-se o fundamento dessa *verdade* intersubjetiva e a sua inteligência jurídica.

A verdade de que trata o artigo 219 é precisamente a *verdade* de que fala mui brevemente Pontes no início de seu item 1 ao § 430 do *Tratado*.[189] Não se trata exatamente de uma *verdade em si*, mas de um *valor de verdade* que é construído pelo consenso das partes, ao prepararem enunciados ou cláusulas representativas sobre o estado da coisa (controle) e das partes. Nesse passo, à dissonância posteriormente verificada articulam-se as teorias do erro: "À teoria do êrro interessa a discordância onde fôra de esperar, pela manifestação do acordo, a inteira concordância"[190].

Essa *verdade* não é pois uma verdade essencial ou platônica, nem tampouco uma verdade filosófica. A verdade do artigo 219 é, pois, antes, uma *verdade jurídica* e, por isso, uma *verdade discursiva*. Sua precisão é relativa não no sentido de sua potencial "não-precisão", mas é relativa no sentido de que sempre dependerá de outro enunciado extraído da performance prevista. O enunciado exposto no contrato é, pois, performado pelas partes e dessa performance extrai-se novo enunciado que pode coincidir com o enunciado do contrato ou pode contradizê-lo. Na pri-

---

[189] *Tratado...*, Tomo 4, idem; p. 271.
[190] Idem, ibidem.

3. ASPECTOS ESPECÍFICOS

meira hipótese, o enunciado é *verdadeiro* de forma absoluta, na segunda hipótese, o enunciado continua verdadeiro, mas entre as partes, extraindo-se, de sua contradição com outro enunciado resultante da performance, o erro.

O contrato, como ato discursivo que é, não pode ser reduzido a mera conjectura ou contraposição formal entre *verdade* ou *falsidade*, no sentido socrático-platônico explorado, por exemplo, no famoso diálogo com *Górgias*. Para tanto, lembra-se a proposta de Levinson: "todas as declarações não servem apenas para expressar enunciados, mas também para permitir a performance de atos".[191]

Este é exatamente o caso das cláusulas enunciativas e das declarações enunciativas ou representativas. Ao afirmar que os atos discursivos não são reduzíveis a questões de confronto entre *verdade* e *falsidade*, Levinson lembra que os atos discursivos, que ocorrem quando a declaração é também, em si, um ato ou a performance de um ato, se dão por *convenção associativa* com a forma da declaração em questão. Qual seja, há uma associação entre declaração e forma da declaração que se unem por meio de *convenção* entre interlocutores. Nesse contexto, Levinson reconhece fases distintas na formulação de declarações enunciativas ou promessas que nascem com *performances implícitas* e seguem para fases de condições preparatórias, condições de conteúdo proposicional, condições de sinceridade (boa-fé) e condições essenciais, culminadas por condições de uso que influem no sentido (semântica, significado propositivo) e conteúdo da declaração em relação ao ato descrito ou performado. Levinson, dessa forma, implicitamente reconhece o caráter processual das formulações e condições de uso de declarações enunciativas (*utterances*), sentenciando: "o ato discursivo é um aspecto do sentido amplamente desenvolvido e irredutível a questões de verdade ou falsidade".[192] E sedimeta: "A razão disso é que enquanto os enunciados *descrevem* (ou estão em correspondência com) estados de fato, e podem então ser plausivelmente caracterizados na forma de condições sob as quais seriam verdadeiros, atos discursivos indicam como essas descrições

---

[191] Levinson, Stephen C.. *Pragmatics*, 13ª reimpressão. Cambridge: Cambridge University Press, 2002; p. 243: "*all utterances not only serve to express propositions, but also perform actions*".

[192] Idem, ibidem; p. 246: "*illocutionary force is an aspect of meaning, broadly construed, that is quite irreductible to matters of truth and falsity*". Vale lembrar que Levinson equipara os termos "*act of speech*" e "*illocutionary force*" como sinônimos (p. 243).

devem ser tomadas ou qual a relação entre um enunciatário e um enunciado específico que foi declarado".[193]

Juridicamente falando, tomando-se o contrato como um ato discursivo típico, isso é exatamente o que ocorre com os enunciados e os instrumentos que contém esses enunciados: a questão da verdade, como estamos insistindo, é um problema do processo obrigacional e da convenção final entre as partes. A descrição e a correspondência dos enunciados com estados de fato é menos um problema de *verdade* do que de interpretação jurídica de um enunciado bem escrito em cotejo com as circunstâncias de fato a que se refere o enunciado, desde que, como já visto, presentes a boa-fé, a irrevogabilidade do enunciado e a essencialidade da descrição.

Neste passo, frente a esse mecanismo e diante dessas características específicas, temos notadamente uma evolução da forma do negócio jurídico tal qual descrito no Código Comercial, em seu artigo 191 (*res, pretium, consensus*) não para a forma do artigo 482 do Código Civil de 2002, visto este artigo isoladamente como herança do antigo artigo 1.126 do Código Civil de 1916, mas para a forma desse mesmo artigo 482 lido em contraponto ao artigo 422, idealizando o negócio jurídico em que a existência depende de *res, pretium* e as condições em *bona fides*, de que os romanos falavam tanto e os Pandectistas falaram um pouco menos.

A *verdade* do artigo 219 é pois uma verdade que depende integralmente das condições do negócio jurídico, a saber, condições de boa-fé com valor de verdade, no dizer de Pontes. Um negócio celebrado sem a boa-fé tem de ser, necessariamente, um negócio que a lei permite ser desfeito, em prejuízo da *verdade intersubjetiva*. Essa se preserva meramente no erro e quando a boa-fé, estando presente, fez os estados de fato distoarem dos enunciados, ao ponto de não atingirem a coisa em sua essência ou substância (artigo 138, I e III do Código Civil).

---

[193] Idem, ibidem: "*The reason is that while propositions describe (or are in correspondence with) states of affairs, and may thus be plausibly characterized in terms of conditions under which they would be true, illocutionary forces indicate how those descriptions are to be taken or what the addressee is meant to do with a particular proposition that is expressed*" (assim). Note-se ainda que Levinson submete essa proposta que ele chama de Tese (*Thesis*) a uma articulação dialética contra outras propostas que ele chama de Antítese (*Antithesis*), em que ele reduz os atos discursivos a questões de sintática e semântica e a uma última proposta que ele chama de Colapso da Antítese (*Collapse of Antithesis*), em que vários problemas semânticos são apontados.

3. ASPECTOS ESPECÍFICOS

Nas transferências de controle, a *res* (controle e todos os seus acessórios, que garantam o seu exercício pleno e livre de quaisquer ônus não declarados), o *pretium* (o resultado final da convenção entre partes e do confronto de dois processos distintos de *valuation*, com premissas e prioridades distintas para o estabelecimento do valor) e as *condições de boa-fé* (que incluem, além do dever de declarar e enunciar fatos ou circunstâncias que alterem a *res* ou o *pretium* de maneira essencial, o dever de não omitir em prejuízo da contraparte ou de terceiros, bem como o de permitir, no que não for essencial, que a contraparte investigue, audite e forme as suas conclusões) são, pois, as condições de validade do negócio jurídico. Nesse particular, as cláusulas enunciativas exercem um papel central para definir a *res* e *prover as práticas de boa-fé*, ao lado da cláusula indenizatória, que, sem afetar a integridade do negócio por força de invalidade parcial (artigo 184, primeira parte), dá solução de regresso entre as partes para assegurar a plenitude do ato translativo de direitos, livre de vícios ou falhas contra terceiros.

3.5. Discrepâncias dos enunciados: erro e dolo; invalidade e indenização

A prevenção contra erros é, como pudemos observar da organização legada pelos Pandectistas, o eixo central que articula a função das cláusulas enunciativas no governo de um negócio jurídico e de todo o seu processo. Nesse particular, além dos já citados estudos de WINDSCHEID[194], lembremos a advertência de Guilherme Döring da Cunha PEREIRA: "Essas declarações [as declarações enunciativas] devem na sua maior parte ser analisadas como elementos que completam a descrição do bem objeto do contrato. São, por assim dizer, qualidades prometidas do bem. Ainda que não se venha a estabelecer expressamente responsabilidade do cedente pela veracidade de suas declarações, a presença destas permite apreciar com mais facilidade a existência, por exemplo, de dolo ou erro essencial, ou, ainda, de vícios redibitórios, e a ocorrência ou não de adimplemento bom"[195].

---

[194] Trata-se da doutrina dos *erros sobre os motivos* (*Irrthum im Beweggrunde*) na seara dos *erros de fato* (*factifcher Irrthum*) e dos *erros de direito* (*Rechtsirrthum*) [WINDSCHEID, B.. Op. cit., vol. I, idem; §§ 78-79] e à questão por ele formulada no seguinte sentido: para a *invalidade dos negócios jurídicos*, as declarações de vontade reforçadas por juramento podem ter a dita invalidade amenizada por força do juramento?

[195] PEREIRA, G.D.C.. Op. cit.; p. 105.

Ao declarar certos estados de fatos em relação ao objeto da alienação, o enunciante (normalmente o alienante, sem prejuízo das premissas do adquirente) assegura ao comprador uma posse mansa e pacífica, para ficarmos no vetusto entender dos romanistas.

"O *erro* é a noção falsa, que vicia a manifestação de vontade"[196], lembra BEVILÁQUA, "uma falsa representação", como aduz Orlando GOMES[197]. É comum e frequente, como lembra Washington de Barros MONTEIRO na leitura de CUNHA GONÇALVES, mas, nem tanto pela "insuficiência mental da grande maioria dos homens",[198] como quis entender o saudoso mestre, e mais pela complexidade que as relações jurídicas alcançaram, bem como pela altíssima especialidade dos objetos, como vimos acima por meio da análise dos estudos de BAUDRILLARD aplicada ao direito.

O velho e ladino brocardo "errar é humano", embora permeie algumas exculpas jurisprudenciais para afastar indenização e desfazimento do ato, não apenas denota a frequência com que negócios são celebrados com erro, mas também o quase completo desprezo pelo tema. Em negócios de alienação de controle, um erro é ruinoso, dois, podem ser fatais. Essa é a razão pela qual se procura exaurir a prevenção de sua ocorrência e evitar, ao máximo, a sua superveniência.

O erro ou ignorância[199] surge, normalmente, quando o vício não é conhecido pelas partes, mas, sobretudo, quando não é conhecido por aquilo que os manualistas gostam de chamar de "agente", a saber, o destinatário do enunciado, para o nosso interesse particular e, pressuposto "manifestante da vontade", quando se analisa o negócio jurídico não como *processo*, mas como ato individual de efeito bilateral. A doutrina é unânime em associar *erro* com *vontade*, por obrigação de leitura decorrente da linguagem utilizada no artigo 86 do Código Civil de 1916, e, atualmente, pela revista forma proposta no artigo 138 do Código Civil de 2002. Não se extrai de nenhum doutrinador a associação entre *erro* e *processo*, sendo para este uma espécie de "sinônimo" de *vontade*.

---

[196] BEVILÁQUA, C.. Op. cit.; p. 332.

[197] GOMES, Orlando. *Introdução do Direito Civil*, 3ª ed.. Rio de Janeiro: Forense, 1971; p. 416.

[198] MONTEIRO, W. B.. Op. cit.; p. 185.

[199] Para o direito brasileiro, erro e ignorância não se distinguem tecnicamente e devem ser tidos como termos sinônimos. Cf. BEVILÁQUA, Op. cit., idem. Nesse mesmo sentido, apenas a título ilustrativo, note a linguagem utilizada para o artigo 1.557 e incisos do Código Civil.

3. ASPECTOS ESPECÍFICOS

Quando tratamos a obrigação como um processo, a *vontade* cede plano para a convenção e para a construção mútua de uma nova realidade, o *sinalagma*, como já pudemos anotar acima na Nota 44. Esse processo que altera uma realidade pela força de duas *partes*, em conjunto, é o que os Pandectistas e voluntaristas sempre chamaram de "declaração da vontade".[200] Entretanto, os erros ainda são, para grande parte da doutrina, "vícios de consentimento", problemas na própria "vontade" em si, ao fim de muitas reflexões. Antes de assumirmos, por ora, se tratarem de "vício de processo obrigacional", para facilitar a compreensão do mecanismo do erro decorrente da discrepância de enunciados em negócios de alienação de controle, prudente seria se analisássemos o estado da doutrina em matéria de erro.

Quem resume bem o problema da doutrina do erro, com base em leitura de DE PAGE, é CAIO MÁRIO, nestes termos: "O problema do erro constitui, ao ver de De Page, um dos mais delicados que o direito procura resolver, principalmente porque envolve um conflito entre dois princípios superiores e graves, informativos da conduta humana ao comércio jurídico: um, *individualista*, assente no respeito à vontade real do agente; e outro, *social*, determinado pela necessidade da segurança dos negócios. Assegurar o primeiro, nas suas extremas consequências, pode constituir estímulo à imprudência, à imperícia, ao descuido, à negligência ou à preguiça, e a consequência seria a anulação de qualquer negócio em que o agente se enganasse. O extremo oposto, prevalente na teoria romana, sacrificando a vontade individual, fazia sobrelevar a segurança social. No meio-termo está a virtude, conciliando os dois princípios, e para isto levando em conta a vontade (tendência individualista), mas apenas quando o erro envolve o *elemento principal* da convenção. [Nota: De Page, *Traité Élémentaire*, I, nº 38] É o princípio que informa os Códigos modernos, entre os quais o brasileiro." (assim)[201]

---

[200] Mas esse processo obrigacional, entretanto, é mais do que isso, como já observamos do que nos legou Clóvis Veríssimo do COUTO E SILVA (Op. cit, *passim*). A *declaração de vontade*, sendo apenas o veículo da expressão de um *querer* abstrato, subjetivo, psicológico, misterioso, romantizado e novecentista, normalmente é vista como um instrumento, um documento que materializa a *vontade*. Dentro da nossa proposta de estudo, considerando o CCV uma síntese dialética do processo de aquisição, a declaração de vontade concidiria, nesse aspecto, com o Preâmbulo e a Cláusula de Objeto e Preço do CCV.

[201] PEREIRA, Caio Mário S. Op. cit., Idem; p. 327.

Mas, antes de assumirmos que o *erro invalidante* envolve essencialidade ou substancialidade[202] na discrepância entre vontade e declaração e, antes mesmo de entrarmos na discussão do desfazimento do negócio jurídico ser ou não a melhor solução para erros decorrentes de enunciados ou cláusulas enunciativas que asseguraram fato diverso do posteriormente ocorrido, rememoremos aqui as bases das duas tendências noticiadas por Caio Mário e algumas soluções interessantes.

Já adiantando o entendimento que aqui se adota, ainda que o Código de 1916 e, com mais ênfase o Código de 2002, aludindo ao problema do erro como decorrente da *declaração da vontade* e não da *vontade [mal ou bem] declarada*, grande parte da doutrina, por forte influência germânica, foca a análise do erro na vontade ou invés de focar na declaração que veicula a vontade. O erro, portanto, decorre da vontade, ou, mais precisamente, da inconsistência entre a vontade e o que se expressou como sendo precisa tradução "externa" dessa vontade "interna": "o erro provoca uma desconformidade entre a vontade do manifestante e aquilo que efetivamente manifesta".[203]

Ainda que Caio Mário tenha evidenciado esses dois opostos, é de se notar que o oposto que se baseia unicamente na declaração é minoritário em doutrina jurídica e, por consequência, em todo o campo jurisprudencial, quando há questões de direito privado envolvidas. Na seara do direito público (sobretudo do direito processual civil), a jurisprudência é implacável e ignora completa e absolutamente qualquer laivo de intenção pessoal ou "vontade real" discrepante com a declaração documentada para desfazer um ato.

A linguagem utilizada pelo artigo 86 do Código de 1916 dizia que "são anuláveis os atos jurídicos, quando *as declarações de vontade* emanarem de erro substancial". Essa estrutura foi mantida pelo artigo 138 do Código de 2002, com alguns acréscimos: "são anuláveis os negócios jurí-

---

[202] Sobre as diferenças entre essencialidade e substancialidade do erro, que não são sinônimos, vide Azevedo, A. J. (*Negócio Jurídico e declaração negocial...*, Idem.), pp. 179-181.

[203] Mello, Marcos Bernardes. *Teoria do fato jurídico – plano da validade*, Idem; p. 118. No mesmo sentido, Ráo, Vicente. Op. cit., Idem; p. 235 e segs.; Carvalho Santos, João Manuel. *Código Civil Brasileiro Interpretado*, Vol. II, 13ª ed.. Rio de Janeiro: Freitas Bastos, 1988; p. 292; Santos, Ulderico Pires dos. *Dos defeitos dos atos jurídicos na doutrina e na jurisprudência*. São Paulo: Saraiva, 1981, p. 9, e os já citados Beviláqua, Clóvis (Op. cit., p. 332), Monteiro, Washington de Barros (Op. cit., pp. 184-185) e Gomes, Orlando (Op. cit., p. 416).

3. ASPECTOS ESPECÍFICOS

dicos, quando *as declarações de vontade* emanarem de erro substancial que poderia ser percebido por pessoa de diligência normal, em face das circunstâncias do negócio". Entrou no texto positivo, além do câmbio do ato jurídico pelo negócio jurídico, a questão da escusabilidade, tornando estéril grande parte da discussão sobre o tema.[204]-[205]

---

[204] Silvio RODRIGUES (*Dos Vícios do Consentimento*, 3ª ed.. São Paulo: Saraiva, 1989; p. 70) noticia que a inserção do novo texto "que poderia ser percebido etc..." apenas teve o escopo de ampliar o discernimento e o critério exclusivo do julgador para fins de se definir se a parte que alega o erro agiu com desídia ou não, ficando de fora, na revisão do Projeto do Código de 1975, a expressa menção à escusabilidade do erro. Silvio RODRIGUES (Idem, ibidem; pp.67-69) diferencia a recognoscibilidade do erro de sua escusabilidade. Entretanto, bem nos parece que a recognoscibilidade prestigiada pelo texto promulgado em 2002 se casa com a escusabilidade nos requisitos *diligência normal* e *circunstâncias do negócio*, tão valorosas em processos de alienação de controle quanto louvadas pelo texto de lei.

[205] Vale notar, entretanto, que a recognoscibilidade ou a escusabilidade (ou ambas, para quem vê distinção essencial entre os efeitos dos dois termos) está diretamente ligada ao dever de informar da outra parte e ao ônus do conhecimento, de outra, apreciáveis sobretudo durante a fase de avaliação (*valuation*) e auditoria (*due diligence*) nos mesmos termos em que a experiência de outros casos semelhantes recomenda. A esse respeito, nota BETTI, E. (Op. cit., Idem; p.415): "Plausabilidade e recognoscibilidade devem ser avaliadas em relação ao conteúdo, às circunstâncias do negócio bilateral e à qualidade das partes (art. 1.431), e, portanto, em função do grau de diligência que, segundo a experiência dos casos normais, ocorreria para conhecer o ponto em questão ou respectivamente para revelar a ignorância na contraparte. O ônus do conhecimento varia conforme a maior ou menor pertinência que a coisa ignorada tem com a matéria do negócio, e também segundo a índole da cognição de que se trata. É maior para as coisas do conhecimento comum, ou facilmente acessíveis, menor para aquelas que só são do conhecimento de um círculo restrito de pessoas (é o caso de uma noção técnica, acessível apenas a um pequeno grupo de iniciados). Quanto maior é o ônus do conhecimento, menos plausível é a ignorância, e menor é, portanto, na contraparte, o ônus de revelar o erro por ela determinado e a correspondente obrigação de esclarecimento pela boa fé. Assim, quando a ignorância incide sobre uma noção que, tendo em conta os critérios ora acenados, se poderia e deveria possuir com o uso da diligência normal, o que a torna menos plausível, deixando o erro menos reconhecível". ["*Pausibilità e roconoscibilità debobno essere valutate in relazione al contenuto, alle circostanze del negozio bilaterale e alla qualità delle parti (art. 1431), e quindi in funzione del grado di diligenza che, secondo l'esperienza dei casi normali, sarebbe occorso per conoscere il punto in questione, o rispettivamente per rileverne l'ignoranza nella contorparte. L'onere di conoscenza varia secondo la più o meno stretta attineza che la cosa ignorata ha con la materia del negozio, e anche secondo l'indole della cognizione di cui si tratta. È maggiore per le cose di cognizione comune o facilmente accessibile, minore per quelle note solo a una cerchia riestratta di persone (si pensi, a una nozione tecnica, accessibile solo a pochi iniziati). Quanto maggiore è l'onere di conoscenza, tanto meno plausibile è l'ignoranza e tanto minore è nella controparte l'onere di rivelare l'errore da essa determinato e il correlativo obbligo di chiarimenti imposto della buona fede. Così, quando*

Contudo, a par dessas adições, note-se que a linguagem se mantém. Na ordem direta, o preceito seria algo assim: "os negócios jurídicos cujas declarações de vontade emanarem de erro são anuláveis". Trata-se de uma oração simples nominativa: acrescenta-se a qualidade de *anuláveis* aos negócios jurídicos com aquelas características específicas. Essas características específicas, restringidas pela palavra *quando* com valor conjuntivo de *cujo*, indica que a locução "negócio jurídico" é restringida por uma oração com valor genitivo, com valor de adjunto nominal. Esse grande *adjunto nominal* qualifica especificamente essa espécie de "negócio jurídico" e é, portanto, um grande adjetivo restritivo para a locução "negócio jurídico". É o que as gramáticas classificariam, de modo escolar, como uma oração subordinada adjetiva restritiva. E, qual a restrição que se impõe para os "negócios jurídicos" serem "anuláveis"? Sempre que contiverem "declarações de vontade" e tais "declarações de vontade" necessariamente "emanarem de erro". Interessa, pois, nesse particular, as "declarações de vontade", ou melhor, simplesmente as *declarações*, cuja *vontade* é mais um genitivo restritivo e qualificativo. Pela lógica gerativa, importam, pois, as declarações. A lei quer saber o que se declarou.

Contudo, uma interpretação jurídica não pode apenas se ater à sua decomposição sintática. Em uma leitura articulada e sistemática, notaremos que o artigo imediatamente precedente no Código de 1916, o 85, atualmente numerado como o 112 no Código de 2002 diz, singelamente: "nas declarações de vontade, se atenderá mais à sua intenção que ao sentido literal da linguagem". Qual seja, nas declarações de vontade, a vontade vale mais do que a declaração em si. Para os efeitos do artigo 86 do Código de 1916, artigo 138 do Código de 2002, esse dispositivo simplesmente dá notável destaque ao singelo genitivo *de vontade*. Nesse particular, o qualificativo restritivo ganha maior ênfase do que o próprio nome. A coisa só vale e só deve ser manejada pelo seu conteúdo e muito menos do que pela sua forma. Uma declaração de vontade, portanto, para os efeitos do artigo 138 do Código de 2002, sempre deve ser tomada em consideração por conta de seu conteúdo e muito menos pela sua forma ou pela linguagem adotada.

Esse desprezo à linguagem específica e ao que se diz é bastante típico nas línguas românicas, sobretudo de origem ibérica. O português

l'ignoranza cade su di una nozione che, tenuto conto dei criteri ora accennati, si sarebbe potuta e dovuta possedere con l'uso della diligenza normale, essa è meno plausibile, e rende meno riconoscibile errore"].

3. ASPECTOS ESPECÍFICOS

e o espanhol, línguas de alto contexto, ao contrário do inglês e do alemão, línguas de baixo contexto, dão menor valor às palavras em sua forma absoluta, ainda que empregadas em um sentido técnico. Em inglês e em alemão, a precisão dos termos não depende tanto mais do contexto escrito: as palavras podem carregar significados formulares, sobretudo quando empregadas em sentido técnico e principalmente quando o seu significado está convencionado no corpo da declaração, como ocorre em grande parte dos CCVs; ao contrário do português e do espanhol, em que termos empregados em diferentes contextos podem ter diferentes efeitos e múltiplos significados, numa dependência maior do contexto e do uso do termo. Essa franca oposição entre sistemas de baixo contexto e sistemas de alto contexto está abertamente positivada em nosso Código Civil, artigo 112 e, de certa forma, no artigo 144.[206]

---

[206] O Código Civil Brasileiro é, realmente, menos técnico do que os códigos alemão, suíço e francês, como bem nota PONTES DE MIRANDA, F.C.. *Fontes e Evolução...*, Idem, ibidem; pp. 8-9. PONTES chega a salientar: "Na exposição das regras que constituem um código, todo povo, escolhendo-as, como se escolhe a si mesmo – as suas qualidades e os seus defeitos refletem-se na obra literária e no pensamento do Código. O *Code Civil* é revolucionário e napoleônico. No *Bürgerliches Gestzbuch* da Alemanha, lei sábia e forte, pôs-se em relevo o caráter educacional, didático, com postulados fundamentais, denunciadores de sutil e discutida cultura jurídica: as fórmulas concretas, as remissões de uns artigos aos outros, a terminologia nova e rica, rigorosa e embaraçada pelo método e a construção lógica, bem mostram o povo administrativo, pensador, técnico, que o concebeu. Diferente é o Código suíço: é conciso, prático, exato, popular, com as suas fórmulas gerais, que algumas aplicações importantes desvendam aos leigos. De boa aparência; mas, de boa aparência familiar, digamos, *doméstica* (...). No Código Civil argentino, não se pode descobrir facilmente a originalidade: Teixeira de Freitas e Marcadé representam, nele, o pensamento sul-americano novo, e o velho pensamento francês em torno do *Code Napoleón*; mas hoje, relendo-o, podemos ver que o argentino Vélez Sarsfield, ainda imitando, conseguiu, por vezes, ser a si mesmo. O Código Civil brasileiro, um tanto individualista, tímido e menos político, mais sentimental do que os outros, porém mais 'sociável' e menos 'social' do que deveria ser, serve para que se lhe descubra a intimidade daquele pensar por si, que Teixeira de Freitas ensinou à Sul-América, e os traços de generosidade orgânica, de aferro leigo às instituições religioso-morais, do povo mais caracteristicamente jurídico do que todos os outros da América". Ousa-se discordar, verticalmente, entretanto, da afirmação que conduz à conclusão que o Brasil é um povo mais caracteristicamente jurídico do que, por exemplo, os EUA, o Canadá ou o Chile, dos povos da Pan-América. O sentimentalismo do nosso Código, bem acusado por PONTES, afeta integralmente a tecnicidade orgânica. Não escapa desse defeito a revisão de 2002. O Código de 2002, revisado, mantém grande maleabilidade no uso do vocabulário específico, ora empregando um termo, ora empregando outro em sentido sinônimo, ora empregando o mesmo em outro sentido e assim por diante. Nos livros

Assumindo essa forte característica de nossa cultura linguística e jurídica, é de se notar que a "intenção" e a "vontade" tenham, ao seu turno, despertado um interesse de estudo razoavelmente diferente do interesse que possa ter levado a Pandectística Germânica racionalista e individualista a ter se focado nos mesmos temas. Em direito brasileiro, portanto, como bem lembrou Caio Mário, a vontade é sempre levada em conta, independentemente do veículo em que se expressou ou se declarou.

Entretanto, em nosso foco, a compreensão da obrigação como processo e a vontade das partes como resultado sinalagmático de todas as fases desse processo obrigacional, faz com que vejamos no CCV, o instrumento de alienação do controle, na exata forma definida, de maneira brilhante, por Antônio Junqueira de Azevedo: "O contrato não surge do acordo de 'vontades', e sim, do *acordo das declarações*"[207]. Neste passo, e dentro do pensamento de Betti, as alienações de controle são provas cabais de que "a proposta apresentada se distancia da sistematização desta matéria corrente entre os pandectistas".[208]

Vale, nessa linha, trazer a argumentação de Betti que, para os efeitos desse trabalho, que considera a alienação de controle uma das formas mais cabais de *processo obrigacional*, nestes termos: "Os casos de «discordância voluntária entre declaração e vontade» configuram a falta de seriedade, a reserva mental e a simulação; os casos de «discordância não querida», pelo contrário, o erro obstativo e o dissenso. «Vícios de vontade» seriam, ao contrário, o erro, o dolo e a violência. Dês que esta sistematização é baseada na concepção subjetivista e puramente formal, que não vê no negócio jurídico mais que uma fraca e descolorida «mani-

---

de Família e Sucessões, essa maleabilidade é ainda maior, sobretudo nas designações de regimes patrimonais de casamento, graus de paretensco e direitos hereditários, em que as variações no uso de termos técnicos sinônimos chegam a ostentar quatro ou cinco versões terminológicas para um mesmo e único instituto. O Livro de Direito de Empresa também abusa dessa malemolência vocabular.

[207] Idem, ibidem, p. 171.

[208] Betti, E. Op.cit., idem, p. 411 (§ 52 "C)"), assim no original: "*La proposta rassegna si discosta dalla sistemazione di questa materia corrente fra i pandetisti*". Silvio Rodrigues, também com apoio no mesmo Betti, conclui que "uma legislação das mais modernas reagiu ante a crítica de que um excessivo apego ao dogma da vontade podia representar ameaça às relações contratuais; pois sendo a declaração o elemento externo da vontade, é naquela, e não nesta (que é inacessível), que as partes irão acreditar" (Idem, ibidem, p.46).

3. ASPECTOS ESPECÍFICOS

festação de vontade»: ela ergue-se e cai com tal concepção. Uma vez assinalada a insuficência desta (Cap. I, § 3º), é, por isso mesmo, posta em discussão a suficiência daquela. Que a declaração não tenha uma simples função instrumental, mas constitutiva, já pudemos analisar: ela não é mera revelação exterior de uma vontade interior, com uma existência própria e distinta, mas a única entidade socialmente reconhecível e apreciável na vida de relações (Cap. introd., § 3º). A vontade das partes só adquire relevância jurídica através da declaração (ou através do comportamento); não pode, portanto, ser colocada no mesmo plano desta, nem assumir um valor próprio, em antítese com esta. Daqui deriva não ter sentido a alternativa sobre a qual costumavam impor os pandectistas sobre o problema da discrepância determinada por erro; isto é, se a «vontade interior» devia prevalecer sobre a declaração, ou a declaração sobre a «vontade interior». O termo de comparação é sempre apenas a declaração e a discrepância só pode existir entre os vários significados a ela atribuíveis, sob o ponto de vista do destinatário ou do ambiente social, ou da consciência individual"[209].

Um segundo problema, ainda, marcante em doutrina brasileira, são as provas de argumento ou, simplesmente, os exemplos. Ao tratar da doutrina do erro e de associá-la ao problema da "vontade interna", os estudos, tanto da doutrina brasileira quanto da doutrina germânica orbitam em torno do direito das sucessões ou, nos casos envolvendo direito contratual, na seara dos semoventes doentes, servos incapacitados,

---

[209] Idem, idibem, pp. 411-412: *"Casi di «voluta discordanza fra dichiarazione e volontà» configurerebbero la mancanza di serietà, la riserva mentale e la simulazione; casi di «discordanza non voluta», per contro, l'errore ostativo e il dissenso. «Vizi della volontà», invece, srabbero l'errore, il dolo e la violenza. Ora però codesta sistemzione si basa sulla concezione soggettivistica e puramente formale che nel negozio giuridico non ravvisa altro che uma scialba e incolore «manifestazione della volontà»: essa sta e cade con tale concezione. Una volta segnalata l'insuficienza di questa (cap. I, §3), è per ciò stesso messa in discussione la sufficienza di quella. Che la dichiarazione non abbia una semplice funzione strumentale, ma costitutiva, si è già veduto: essa non è mera rivelazione esteriore di una volontà interiore avente un'esistenza propria e distinta, ma la sola entità socialmente riconoscible e appreziabile nella vita di relazione (cap. intr. §3). La volontà delle parti non acquista rilevanza giuridica se non attraverso la dichirazione (o attraverso il comportamento): non può, quindi, esser collocata sullo stesso piano di questa, né assumre un valore a sé stante, impostarsi dai pandettisti il problema della discrepanza provocata da errore; se, cioè, la «volontà interiore» dovesse prevalere sulla dichirazione o la dichiarazione sulla «volontà interiore». Termine di raffronto è sempre la dichiarazione soltanto e la discrepanza può cadere solo fra vari significati ad essa attribuibili da punto di vista del destinatario e dell'ambiente sociale, o da quello della coscienza individuale".*

jóias e bijouterias, ferramentas usadas[210], signatários que não lêem os instrumentos, transmissões equivocadas de vontade por falha em "telex" ou "erro do núncio", diferentes usos e soberanias da moeda *peso* e da moeda *dólar*, diferentes conceitos de alqueire, de foro e aforamento, erros advindos entre o conflito da linguagem popular e da linguagem técnica e outros exemplos não cobertos por casos concretos, ainda que até o direito romano traga bons exemplos de erros decorrentes dos efeitos das declarações apostas em vendas de fundos e empreendimentos rurais, para fins de validade ou anulação da venda[211]-[212]. As teorias que

[210] Na linguagem de BAUDRILLARD (Op. cit.; *passim*), tais exemplos se cercam tão somente de objetos funcionais (ou de discursos objetivos), como é caso das ferramentas usadas, bem como de objetos não-funcionais (ou de discursos subjetivos), como é o famoso caso do candelabro de prata *versus* o candelabro de cobre prateado e demais exemplos que envolvam jóias ou bijouterias.

[211] Vide os já citados excertos *D.*, 18, 1, 40, e *D.*, 18, 1, 40, 5 ambos por Paulus; *D.*, 18, 1, 47; *D.*, 18, 1, 63, 1; *D.*, 18, 1, 66; *D.*, 18, 1, 76; *D.*, 18, 1, 77; *D.*, 18, 1, 80; *D.*, 18, 1, 81, 1

[212] Justiça seja feita aos poucos doutrinadores que se empenham em entender o erro em problemas complexos, provando suas argumentações de maneira condizente com questões da atualidade e, diga-se de passagem, de grande relevância para a compreensão dos problemas envolvidos neste trabalho, destaca-se RODRIGUES, Silvio. (Idem, ibidem; p. 84). O exemplo, apresentado pelo Prof. Silvio RODRIGUES, tirado de Acórdão do Tribunal de Justiça do Estado de São Paulo e publicado na RT 231/189 diz: "Se a aquisição de um fundo de comércio teve por motivo determinante a perspectiva de boa e numerosa freguesia, garantida e apontada pelo vendedor no próprio contrato, tem-se aí o que denomina em direito o pressuposto ou razão determinante do negócio. Não se concretizando aquela perspectiva o contrato é anulável por erro". Este acórdão ainda é um dos mais fortes precedentes em matéria de cláusulas enunciativas (*warranties*) a respeito de convenções baseadas em técnicas de fluxo de caixa futuro e outros métodos muito comuns de apreciação de resultado operacional assegurado após a alienação do controle. Silvio RODRIGUES ainda traçou o seguinte comentário sobre esse importante precente: "No caso tratava-se de compra e venda de um estabelecimento comercial, em que figurava expressamente – e a essa tinha sido a condição determinante da concordância – a afirmação de que contava a loja com um movimento mensal de Cr$ 120.000,00. Verificando que a condição expressa, provocadora da avença, não se positivava, foi o negócio desfeito. O erro sobre o movimento de negócios de um estabelecimento qualquer não é, via de regra, daqueles suscetíveis de deferirem ação de nulidade da compra e venda do mesmo. Por não ser substancial e não estar incluído entre as quatro espécies de erro sobre matéria essencial, contidas nos artigos 87 e 88 do Código Civil. De sorte que, se se mantivessem silentes as partes, o erro do comprador seria inegável. Mas, como uma das cláusulas da convenção expressamente mencionava ser a numerosa freguesia o fato que provocou a anuência do adquirente, aquele erro, que normalmente seria acidental, foi, por vontade das partes, promovido a relevante, e, provada a sua ocorrência, a ação anulatória foi deferida" (Idem, ibidem; pp. 84-85).

3. ASPECTOS ESPECÍFICOS

consagram a vontade como elemento principal da doutrina do erro navegam em circunstâncias e hipóteses menos favoráveis à admissão, na prática corrente, de um universo dominado pela vontade ou, ainda como pretende CAIO MÁRIO, na virtude do meio-termo, mas pendendo para a vontade sempre que o *elemento essencial* é ferido.

Ainda, uma interessante tendência empreendida pelo voluntarismo é associação entre erro e vício redibitório, sobretudo quando o erro é um *erro essencial* em relação à *qualidade do objeto (error in corpore).*[213] De especial relevância para o papel das cláusulas enunciativas nos instrumentos de alienação de controle, o chamado *error in corpore* articularia a "vontade" do adquirente às condições especiais em que se apresenta o objeto do negócio e se assegura sua qualidade mínima e seu contingencial médio. Várias das soluções previstas nos artigos 441 a 446 do Código Civil (ajuste de preço, indenização, restituição ou reembolso proporcional ao vício) são utilizadas ao longo dos contratos e essa aproximação, ainda que hoje não se dê pelo viés da "manifestação da vontade maculada por *error in corpore*", são exatamente os mecanismos utilizados nos contratos para solver problemas que decorrem de discrepâncias entre os enunciados e as cláusulas representativas e as contingências supervenientes, sabidas ou não pelo alienante no tempo da assinatura do contrato (artigo 443 do Código Civil).

---

[213] Sobre a associação entre erro, qualidade do objeto expressa em declarações e solução redibitória ou estimatória, vide GOMES, Orlando (Op. cit., p. 419); MELLO, M. B. (*Teoria do fato jurídico – plano da validade*, Idem, pp. 124-126); BEVILÁQUA, Clóvis (Op. cit.; p. 334) e, com maestria, PONTES DE MIRANDA, F. C. (*Tratado...*, Tomo 4, pp. 301-302 [§ 439] e Tomo 38, pp. 422-425 [§ 4.240, 4, 5, 6 e 7]).
Contra, entretanto, é o pensamento de Silvio RODRIGUES (Op. cit.; pp. 103-106). Os argumentos de Silvio RODRIGUES são bastante fortes e sedutores. Entretanto, pelo resultado que levam à aplicação em casos práticos que possam envolver alienação de controle, trazem sedução que não leva a casamento, sobremaneira por força da redação trazida no Código de 2002 ao artigo144. Tratam-se, um a um, dos argumentos de RODRIGUES logo adiante no corpo do texto.
Interessante e notável observação, no mesmo sentido, e diretamente aplicável ao tema aqui discutido é brilhantemente discorrida por SALOMÃO FILHO na "Nota de Texto 53" na obra de COMPARATO & SALOMÃO FILHO (Op. cit., Idem; pp. 275-278).

Entretanto, na linha proposta por RODRIGUES[214], embora reconhece-se que a proposta de PONTES DE MIRANDA seja de sedução e força bastante, mas que não leva a casamento, há três fortes argumentos pelo qual o vício redibitório não pode ser confundido com o erro, a saber:

i. os prazos decadenciais

O primeiro argumento de Silvio RODRIGUES diz respeito aos diferentes prazos de prescrição na linha do artigo 178, §9º, V; 178, §2º, e 178, §5º, IV do Código Civil de 1916. Essas disposições foram reajustadas para o conceito de decadência e inseridas nos artigos 178, II para o caso de anulação de ato jurídico por erro (quatro anos) e artigo 445 no caso de vício redibitório (trinta dias para móveis, um ano para imóveis, contando-se pela metade, a partir da alienação, se o reclamante já estava na posse do bem ao tempo da alienação). Note-se, entretanto, que o novo artigo 446 traz importante nota que interessa ao tema em questão: "Não correrão os prazos do artigo antecedente na constância de cláusula de garantia; mas o adquirente deve denunciar o defeito ao alienante nos trintas seguintes ao seu descobrimento, sob pena de decadência".

Importa, pois, saber, em primeiro lugar, se a estipulação de prazo em cláusula enunciativa diferente do prazo de decadência representaria uma ilegal ampliação do prazo decadencial, que a grande maioria da doutrina considera contra os princípios da doutrina da decadência. A esse respeito, bem antes do surgimento do artigo 446, CAIO MÁRIO já lembrava: "Os chamados *prazos de garantia*, mediante os quais o alienante assegura a perfeição da coisa por certo tempo, não atenta contra a regra acima exposta [ilicitude da alteração convencional dos prazos prescricionais e decadenciais], pois não há aqui um alongamento do prazo prescricional. Equivale a uma suspensão convencional da prescrição (impedimento), que somente tem início quando se escoa o tempo, durante o qual o adquirente é assistido ou tem a faculdade de reclamar a segurança e perfeição do objeto. A questão passou a ter grande interesse em razão de a venda (*sic*) de aparelhos complexos ter criado a instituição da cláusula nesse sentido"[215].

---

[214] Idem, ibidem. Sobre a questão dos prazos decadenciais, vide COMPARATO & SALOMÃO FILHO, Op. cit., Idem, Ibidem, sobretudo a nota de rodapé 22 à indigitada Nota de Texto 53, na p. 278.

[215] Idem, ibidem; p. 445.

3. ASPECTOS ESPECÍFICOS

Na nossa hipótese, a questão tem grande relevância por tratar de objeto complexo (controle) e uso bastante comum e corriqueiro. E uma vez admitida a asserção que cláusulas enunciativas não alteram o prazo decadencial previsto na lei, resta-nos concluir, neste primeiro item, se o prazo decadencial é critério de distinção entre institutos, ou mais, se trata de regimes jurídicos incomunicáveis. Em uma análise superficial que prima pelo conceito de decadência e pelos efeitos que cada prazo específico buscam afetar, nos parece que neste primeiro argumento, Silvio RODRIGUES teria razão, pois, não haveria porque franquear ao prejudicado dois sistemas distintos de desfazimento do negócio, com prazos diferentes, para causas eventualmente distintas.[216]

ii. instrumento adequado

O segundo argumento, de que tratamos mais profundamente logo abaixo, diz respeito ao instrumento adequado para solução de problemas atinentes ao vício redibitório, de um lado, e para a solução de problemas atinentes aos vícios de consentimento por erro, de outro. RODRIGUES entende[217] que a anulação é via única e exclusiva de questões que envolvam erro, ao passo que o abatimento do preço e rejeição da coisa (embora, nesta última hipótese alcance o mesmo efeito prático e até jurídico[218]) é via adequada apenas e tão somente para os casos de vícios redibitórios[219].

---

[216] Contra PONTES DE MIRANDA (*Tratado...*, Tomo 38, idem; p. 422 [§ 4.240,4]): "O exercício da ação de anulação por erro pode ser proposto depois de precluído o prazo preclusivo (*sic*) sobre a redibição ou redução".

[217] Contra PONTES DE MIRANDA (Idem, ibidem): "O exercício da pretensão à responsabilidade por vício do objeto não pré-exclui a propositura da ação de anulação por erro, salvo se é o mesmo o ponto sobre o qual resultou coisa julgada material, ou os mesmos os pontos sobre os quais resultou coisa julgada material". No mesmo sentido, Tomo 4, idem; p. 343 (§ 455, 2): "Com a ação de anulabilidade por dolo pode concorrer a *ação redibitória* (arts. 1.101-1.106). De regra, prefere-se essa, que exige prova mais fácil. Todavia, devido a serem curtos os prazos preclusivos do art. 178, § 2º e 5º, IV, têm as vítimas de lançar mão da ação de anulação".

[218] PONTES DE MIRANDA (Idem, ibidem) afirma: "certamente, os resultados da ação por erro assemelham-se aos de redibição".

[219] O próprio PONTES DE MIRANDA (*Tratado...*, Tomo 4, idem; pp. 345-346 [§ 456, 1]), ao tratar do problema da indenização em caso de dolo salienta: "Se o dolo apenas influiu quanto ao preço, *e.g.*, 2 x em vez de x, não há anulabilidade; há, tão-só, reparação, segundo o art. 93. O autor tem de provar que, sem o dolo, o outro figurante teria negociado a coisa

Pela leitura do artigo 144 e da doutrina do dolo, nos parece mais razoável, entretanto, que ao adquirente prejudicado pelo erro, seja franqueada igualmente uma saída indenizatória ou de reembolso do prejuízo suportado (dentro, ainda, da amplitude do artigo 186 do Código Civil), ou, ainda, de minoração do preço, não sendo justo impor ao prejudicado a via única da anulação de negócio.

iii. caracterização do defeito

No erro, ao contrário do vício redibitório, a caracterização do defeito é peculiar e provocada por um desacordo ou uma desconformidade no processo obrigacional, qual seja, na própria vontade sintetizada no instrumento. No erro, o objeto não tem defeitos que afetem a função absoluta da coisa, como no vício redibitório, mas tem defeitos que afetam a qualificação da coisa por convenção das partes. Silvio RODRIGUES fala que no erro o defeito é subjetivo e no vício redibitório o defeito é objetivo.

Tamanha a importância da distinção, que se faz questão de ter a própria palavra do autor: "No caso de erro substancial sobre o objeto da declaração ou qualidade a ele essencial, *error in ipso corpore rei*, a coisa objeto da declaração [de vontade] é outra diferente da que o declarante tinha em mente; ou pelo menos falta-lhe uma qualidade importante, com a qual o declarante tinha fundadas razões para contar. É o que ocorre no velho exemplo romano dos candelabros prateados que são adquiridos por quem os crê de prata. O fato de serem de bronze e prateados apenas não apresenta defeito ou vício instrínseco, peculiar a eles; todavia, como o consentimento foi dado por se acreditar que eram de prata, o fato de o não serem faz com que surja uma disparidade entre o intento do comprador e o propósito do vendedor, quanto à coisa objeto do negócio, suscetível de torná-lo anulável".[220] E o jurista segue,

---

por *x*. Há redução do preço, indiretamente; isso de modo nenhum se confunde com o abatimento, direto, da ação *quanti minoris*". Note-se, entretanto, que diante dessa afirmação, PONTES fecha as portas para a opção do lesado por dolo em propor anulação ou indenização quando o tema é refletido no preço. Apesar do dolo interferir *sempre* no preço, a solução dada por PONTES ao vedar totalmente a opção pela anulação, nos parece esterilizar a ação de anulação em caso de dolo provado, o que não é razoável pela letra da lei e pela lógica de quem age de boa-fé diante de enunciante de má-fé.

[220] Idem, ibidem; pp. 104-105.

3. ASPECTOS ESPECÍFICOS

lembrando: "Assim, a pessoa que recebe automóvel de um ano de fabricação, quando adquirira o de outro, não pode alegar vício redibitório. Aquela é uma qualidade importantíssima do veículo, que lhe altera substancialmente o valor. Mas não se trata de defeito oculto, tal como seria uma falta no funcionamento do motor".[221]

Por fim, lembra: "Quando se trata de vício redibitório o negócio é ultimado tendo em vista um objeto com aquelas qualidades que todos esperam ele possua. Ocorre, entretanto, que fugindo à pressuposição normal, a coisa onerosamente alienada apresenta um defeito oculto, um vício a ela peculiar e não comum às demais de sua espécie".[222]

Assim, a individuação da coisa objeto do negócio de alienação de controle por meio de cláusulas enunciativas projetam o negócio para o regramento próprio dos vícios de vontade (erro e dolo) e não para o regramento particular dos vícios da coisa, que, embora tenham regime semelhante quando se trata de *error in corpore*, não se confundem na essência, por terem, sobretudo, e ao que melhor parece, prazos decadenciais diferentes e não cumuláveis. A natureza do controle como objeto especial de negócio jurídico que comporta a sua alienação, aliada a concepção da vontade como um processo obrigacional, estando melhor relacionada com a doutrina do erro e do dolo, deixa a doutrina do vício redibitório baseado em "cláusulas de garantia" como uma opção que, como bem demonstrou Silvio RODRIGUES, de menor consistência jurídica.

Desta forma, podemos assumir que, em um CCV, ao se articularem as declarações enunciativas, necessariamente, com duas espécies de cláusulas, a saber, a cláusula de indenização (*indemnification*) ou a cláusula de ajuste de preço (*price adjustment*) de um lado e a cláusula de resolução (*termination*) de outro, as cláusulas enunciativas se prestam, ao definir o objeto, para assegurar que qualquer erro nessa definição possa gerar[223]: (i) ajuste de preço, abatimento ou redução do valor do controle sem

---

[221] Ibidem; p. 105.

[222] Ibidem.

[223] A opção entre *ajuste de preço* ou *reembolso/indenização* normalmente são definidas segundo critérios contábeis e fiscais que fundamentaram a elaboração dos específicos projetos de aquisição de uma determinada forma. Portanto, essas alternativas não podem ser limitadas pela lei e, invariavelmente, são adotadas nos casos concretos segundo as circunstâncias peculiares do controle, de sua alienação e da situação do adquirente e do alienante.

afetar o valor do prêmio de controle; (ii) reembolso da contingência, via regresso ou indenização, sem afetar o preço; ou (iii) resolução do vínculo contratual se a contingência superveniente que compuser o erro, afetar a essência e a substância do negócio, seja por força de seu valor[224], seja por força da impossibilidade do uso.[225]

Um notável reforço à doutrina da declaração, que vale a pena trazer ao contexto, sobretudo quando tratamos da discussão de um erro motivado por vício na declaração de vontade decorrente de discrepâncias havidas entre declarações enunciativas e fatos supervenientes, está na seara do ônus da prova, matéria de ordem pública inserida no Código de Processo Civil. Para a hipótese em questão, o tema orbita em torno da linguagem do artigo 386 e seu Parágrafo Único do Código de Processo Civil. Diz o texto do artigo: "As declarações constantes do documento particular, escrito e assinado, ou somente assinado, presumem-se verdadeiras em relação ao signatário". Essa linguagem associa-se imediatamente ao teor do artigo 219 do Código Civil, já brevemente analisadas no item anterior. Entretanto, o Parágrafo Único, com sua linguagem, traz-nos imperiosa necessidade de reflexão: "Quando, todavia, contiver declaração de ciência, relativa a determinado fato, o documento particular prova a declaração, mas não o fato declarado, competindo ao interessado em sua veracidade o ônus de provar o fato".

Considerando que as *declarações enunciativas* ou cláusulas de *representations and warranties* são, em sua grande maioria, "declarações de ciência", o Código de Processo Civil Brasileiro carrea todo o ônus da prova ao declarante ou enunciante, com intenção de assegurar a precisão da declaração em detrimento do fato. Essa importante norma dá considerável eficácia ao artigo 219 do Código Civil e a todos os negócios jurídicos

---

[224] Exemplo: se em uma alienação de controle no valor de US$1 milhão surgir, após o fechamento, contingência superveniente no valor de US$ 2 milhões, oriunda de causas decorrentes da gestão do alienante, declarada e assegurada pelo mesmo alienante como não existente ao tempo do fechamento, teríamos, por consequência, uma *misrepresentation* que fatalmente seria solucionada via cláusula de resolução (*termination*), por força do excesso de valor e de eventual dano de imagem daí decorrente.

[225] Exemplo clássico é o direito de preferência: se o alienante declara e assegura que não há obstáculos para a alienação e, posteriormente o adquirente é surpreendido por terceiro titular de legítimo direito de preferência não revelado pelo alienante, o negócio necessariamente tem de ser desfeito em prejuízo do adquirente e à conta do alienante, caso a preferência seja exercitada.

3. ASPECTOS ESPECÍFICOS

articulados por declarações de vontade em face de declarações enunciativas e de fato, sub-articulados em segundo nível por duas saídas viáveis: resolução ou indenização. Inegavelmente, não se trata de uma ausência de instrumentos processuais, como quis entender ENEI no texto acima citado, referido na Nota 183.

Dentro deste contexto específico e dispensada a análise pormenorizada dos tipos de erro[226], que certamente não tem relevância para o escopo deste trabalho, notamos que, apesar de o Código Civil e a doutrina que o acompanha dar bom valor à *vontade*,[227] ao partirmos da *declaração*, ganhamos uma condição mais ampla para compreender o problema do erro gerado por dissonâncias entre as cláusulas enunciativas e os fatos. Com JUNQUEIRA DE AZEVEDO pudemos compreender que a força das declarações não pode ser ignorada, sobretudo quando os contratos se compreendem, modernamente, como encontros de declarações. BETTI, por seu turno, ao dar destaque para a declaração e para o que está aparente, visível e o que é provável no mundo, recoloca a *declaração da vontade* acompanhada de *declarações enunciativas e representativas* como o meio técnico mais seguro de se solucionar problemas atinentes a doutrina do erro e, quando nos casos de discordância voluntária e declaração manifestamente prejudicial, atinentes à doutrina do dolo.

A linguagem de nosso Código, sem prejuízo do que impõe o artigo 112, em matéria de doutrina de erro, foca-se completamente na *declaração da vontade* (artigos 140, 141, 142 e 143 do Código Civil). A declaração de vontade é fundamental para se averiguar o erro por falso motivo expresso como razão determinante (artigo 140); para se equiparar a outros meios de transmissão de vontade, quando a declaração se der por meio

---

[226] Refiro-me às clássicas distinções entre *error in corpore, error in negotio, error in persona, error in quantitate,* erro de motivo.

[227] Duas interessantes posições a respeito da revisão da teoria da vontade são propostas por GOMES, Orlando, no brilhante texto "Inovações na Teoria Geral do Contrato", *In Novos Temas de Direito Civil*. Rio de Janeiro: Forense, 1983; pp. 90-100. Nas pp. 96 a 98, ao discutir sobre novas teses sobre a "formação do contrato" com base em Karl LARENZ, Orlando GOMES fala sobre formas de *atuação da vontade* e *comportamentos sociais típicos* para designar novos elementos motores na formação do contrato além da vontade. Discussão também interessante é capitaneada por Darcy BESSONE de Oliveira Andrade, no já citado *Do Contrato – Teoria Geral* (especificamente, veja-se pp.115-155) em que o autor estuda a evolução do conceito *solus consensus obligat*, admitindo diversas categorias de manifestação da vontade e espécies de consenso.

interposto (artigo 141); para definir se o erro na indicação da pessoa vicia ou não o negócio jurídico e, por fim, para tratar do chamado *erro de cálculo*.[228]

Sem alhear completamente a vontade e dando-lhe o posto recomendado pela letra do artigo 112 do Código Civil, ao considerarmos a vontade como sinônimo do processo obrigacional, temos aberto um caminho que pode elucidar como a discrepância entre uma vontade consciente pode se dar diante do conjunto de declarações volitivas e enunciativas que antecede à síntese declarativa geral, o CCV, que nova todo o processo antecedente na já superficialmente estudada cláusula de renovação das obrigações (*entire agreement*), nos termos da Nota 81 deste trabalho.

Nesse contexto, a doutrina nos oferece duas linhas, a saber, a do *erro obstativo* e a do *erro invalidante*, ambas consolidadas sem distinção em nossa legislação, por força de opção adotada na revisão do Código que resultou no documento legal de 2002. Não adotamos a nulidade de que fala o § 119 do BGB e ficamos na seara da anulabilidade para ambas as hipóteses.[229]

Relevante questão decorre, nesse sentido, dos efeitos do erro: a anulabilidade é o único remédio para consertar um negócio jurídico afetado por erro? Dá, a nossa lei, alternativas de solução que não precisem

---

[228] Neste passo, o *erro de cálculo* de que trata o artigo 143 não pode ser confundido com o erro decorrente de avaliação ou o *valuation mistake*. O erro no processo intermediário de *valuation* não é um erro de cálculo para os termos do artigo 143, mas sim um erro na apreciação do objeto. É de inteira responsabilidade do adquirente e não autoriza nem sequer "retificação da declaração de vontade". O erro de cálculo decorre de um resultado incorreto que advém de uma avaliação posta e convencionada. Se a avaliação de um projeto conclui que uma carteira de créditos valia 10, os ativos imobilizados valiam 3 e as ações de cobrança valiam 6, estabelecendo que o preço de aquisição decorreria da soma destas três grandezas, apondo-se no contrato um preço final de 21, notoriamente houve erro de cálculo, que pode ser corrigido nos termos do artigo 143 do Código Civil. Entretanto, se, nesse caso, o adquirente chega à conclusão que avaliou mal a carteira de créditos, que na verdade valeria 5, não poderá invocar o artigo 143 do Código Civil em seu favor, pois não incorreu em erro de cálculo mas evidentemente em erro de avaliação, cuja prevenção e risco é de sua inteira responsabilidade. Outro exemplo de erro de cálculo decorre da incorreta aplicação de fórmulas de preços de aquisição ou resultados de contas-gráficas, mas não da elaboração da fórmula ou da construção da conta-gráfica, que não é erro de cálculo mas erro de método de avaliação. Sobre a diferença entre avaliação e cálculo para os fins do artigo 143, vide definições trazidas nas obras citadas na Nota 6 deste trabalho.

[229] Nesse sentido, vide PEREIRA, Caio Mário S. Idem, ibidem; pp. 326-327.

3. ASPECTOS ESPECÍFICOS

passar, necessariamente, pelo desfazimento do vínculo contratual? Eventual invalidade do negócio jurídico por erro impor-lhe-ia o desfazimento do vínculo contratual como um todo, ou seria possível anular o negócio apenas e tão somente na parte diretamente afetada pelo erro invalidante e substancial?

Essas três questões, de grande preocupação na prática das alienações de controle não são tratadas com ênfase direta pela doutrina nem pela jurisprudência brasileiras.

Quanto à primeira questão, não apenas pelo fato de que os contratos de alienação de controle articulam em segundo nível as cláusulas enunciativas, alternativamente, com a cláusula de indenização ou com cláusula de ajuste de preço, para uma solução (sobrevivência do negócio apesar do erro) e, com a cláusula de resolução, para outra solução (desfazimento do negócio), mas, por termos contida e positivada a hipótese prevista no artigo 144 do Código Civil, sem paralelo no sistema anterior, a resposta mais plausível para essa questão seria "não".

O artigo 144 apresenta alternativa aberta para o contratante em erro, ao estabelecer que o destinatário da declaração de vontade (no nosso caso, é necessariamente o autor da declaração enunciativa que motiva o erro), pode se obrigar ao "se oferecer para executá-la [a manifestação da vontade] na conformidade da vontade real do manifestante". Se no contrato o autor da declaração enunciativa se obriga a reembolsar o contratante em caso de imprecisão nas suas declarações enunciativas, o autor da indigitada declaração se obriga, alternativamente, a assegurar o cumprimento do contrato de conformidade com a vontade real do manifestante. Além do mais, se o erro não for substancial, não há porque denegar à parte prejudicada, defender-se do prejuízo que suportou. Da mesma forma, ainda que o erro seja substancial e que a vontade do adquirente seja manter a sobrevivência do negócio jurídico, ainda que o autor da declaração enunciativa não venha a cooperar, não haveria porque, igualmente, negar ao adquirente a alternativa de reaver o prejuízo provado, em prol da sobrevivência do negócio jurídico, se o autor da declaração enunciativa se obrigou a cooperar e se oferecer para assegurar a lisura na conformidade da vontade real do manifestante, nos termos da síntese haurida ao longo do processo obrigacional de aquisição. Impor às partes a morte do negócio, por sua anulação, além de atentar contra a autonomia da vontade e não trazer qualquer benefício à ordem pública, pode signficar, em casos semelhantes, a imposição de uma penalidade sem qualquer benefício para a comunidade e segurança dos negócios.

É lógico que os negócios anuláveis por erro são de iniciativa e interesse exclusivo do prejudicado. Entretanto, o que se combate aqui é deixar em suas mãos uma única alternativa, negando-lhe acesso a outras formas de solução de problemas em matéria de erro, sobretudo de erro essencial.[230] No caso de dolo, como se verá logo abaixo, a disciplina do dolo acidental do artigo 146, a omissão dolosa do artigo 147 (válida, sobretudo quando a parte deixa de apresentar documento essencial à outra parte, seja diretamente, seja via *data room*) e a possibilidade de convalidação do ato por dolo de terceiro, via artigo 148, não deixa dúvidas de que a parte prejudicada pode, ao invés de anular o negócio, buscar indenização pelo prejuízo que provou em decorrência do ardil.

Por derradeiro, vale ainda lembrar que o negócio jurídico pode ter a sua invalidade parcial reconhecida, não apenas por força da presença de uma cláusula de invalidade parcial (*severability*), mas, sobretudo, por conta do que dispõe o artigo 184: "Respeitada a intenção das partes, a invalidade parcial de um negócio jurídico não o prejudicará na parte válida, se esta for separável; a invalidade da obrigação principal implica a das obrigações acessórias, mas a destas não induz a da obrigação principal".[231] Por essa disposição, assegura-se ao prejudicado que,

---

[230] Nesse sentido, assume-se posição contrária àquela adotada por Silvio RODRIGUES (Op. cit.; p. 104): "no caso de erro, a solução cabível é a anulatória, no de vício oculto, além da redibitória que desfaz o contrato, cabe a *quanti minoris*, para pleitear a redução do preço", sendo, desta forma, intelegível que o grande mestre não aceitava a redução de preço como forma de solução de problemas decorrentes de vício de vontade gerados por erro (substancial ou não). Em nota, o mestre ainda afirma: "Tem-se entendido caber ao adquirente a escolha da ação que proporá, pois cabe-lhe a opção entre a redibitória e a *quanti minoris*. Tal prerrogativa foi negada em julgado do Tribunal de São Paulo, *RT, 169:265*. Com muito brilho sustentou a Corte que na hipótese de a causa ter apenas sofrido uma redução no seu valor, sem se tornar imprópria a seu destino, a ação cabente é a *quanti minoris*, reservada a redibitória para os casos de o defeito descoberto tornar a coisa imprópria ao uso a que se destinava. Já me manifestei contrariamente a tal solução (cf. SILVIO RODRIGUES, *Direito Civil*, São Paulo, 1963, v.3, n.53)" (Idem, ibidem).

[231] A doutrina, em uníssono, sem dedicar mais do que 20 linhas para este artigo, lembra tratar-se de preceito advindo da doutrina de SAVIGNY sobre os atos vulneráveis, na esteira do brocardo *utile per inutile non uitiatur* (o útil não se vicia pelo defeito do inútil). Vide GOMES, Orlando (Op. cit.; pp. 431-432, em 17 linhas); PEREIRA, Caio Mário S. (Op. cit.; p. 409, em 13 linhas); MONTEIRO, Washington de Barros (Op. cit.; p. 271, em 18 linhas) e

3. ASPECTOS ESPECÍFICOS

podendo e assim optando, busque a anulação do negócio somente quanto à parte atingida pelo erro ou dolo, sem afetar a parte válida e regular, não tangenciada pelo vício.

Exemplo disso é alienação de ativos que compõem o objeto social da empresa e exercício máximo de determinada atividade empresarial, que, ao invés de trazer a compra de um número determinado de ações constantes de um bloco de controle, constitui-se por: (i) a alienação de ativos imobilizados, que incluem 500 computadores e respectivos programas de *software*, (ii) carteira de contratos gerenciada pelos mencionados *softwares* e (iii) carteira de ações judiciais de cobrança de créditos igualmente gerenciados pelos mesmos *softwares*. Imagine-se que os três ativos são negociados em um único instrumento, onde várias declarações enunciativas são feitas a respeito dos ativos, sobretudo dos microcomputadores, dos servidores e dos *softwares*; sobre, também, a natureza e a qualidade dos contratos cedidos bem como do créditos e das ações judiciais que os instrumentalizam. Passado certo período, nota-se que um dos programas de *software* constantes da cârteira opera, nas 500 máquinas cedidas, sem a devida licença, embora as demonstrações financeiras indiquem, de maneira equivocada, que a empresa alienante detinha todas as licenças. Nesse contexto, é possível que a parte adquirente rejeite o negócio por *misrepresentation* decorrente de uso ilegal e transferência irregular dos programas de *software* não licenciados, sem que afete a

---

BEVILÁQUA, Clóvis (Op. cit.; p. 418, em 11 linhas). Já CARVALHO SANTOS (Op. cit, Vol. III, Idem; pp. 284-286) dedica maior espaço ao tema, mas foca o seu raciocínio em um caso de direito das sucessões, deixando de analisar essa hipótese em matéria de direito obrigacional ou contratual.

PONTES DE MIRANDA (*Tratado...*, Tomo 3, Idem, ibidem; pp. 407-410 [§345, 6 e 7]), por seu turno, nada comenta sobre o brocardo *utile per inutile non uitiatur* em seus interessantes comentários para a redação e as possíveis interpretações do artigo 131 e Parágrafo Único do Código Civil de 1916. PONTES atém-se ao fenômeno probatório que subjaz à letra do artigo, restringindo-se, em resumo, a afirmar que "o que o afirmou tem o ônus de prová-lo" (p. 407). Entretanto, mediante prova cabal, PONTES não explora os efeitos dessa *presunção [iuris tantum] de verdade*. Neste ponto, PONTES afirma categoricamente que não há "valor de verdade", mas propriamente com a verdade em si do fato enunciado. Por LEVINSON (vide Notas 170 a 172 e respectivo texto), procuramos relativizar esse conceito de verdade absoluta em prol da prevalência da relação havida entre enunciante, enunciatário e enunciado – qual seja, preservar não só terceiros, mas a integridade do ato havido entre enunciante e enunciatário, no caso, comprador e vendedor. No mais, PONTES não explora o universo específico das declarações enunciativas e seus efeitos, como o fez BETTI.

regularidade da transferência de outros ativos ou programas licenciados, bem como da cessão dos contratos e dos créditos instrumentalizados em ações judiciais.

Por fim, cabe ainda lembrar que, na hipótese do erro ter sido maliciosamente provocado pelo autor da declaração enunciativa, que omite, mente, distorce, falsea ou escomoteia informação durante o processo de alienação, que gere contingência superveniente por ele conhecida mas não revelada ou distorcida, para que possa receber mais no cálculo do preço da alienação ou ainda para que possa embutir algum prejuízo que não lhe convém assumir, estaremos, sim, diante da hipótese de dolo, sendo certo então recorrer aos artigos 145 a 150, ao invés da disciplina do artigo 138.

O dolo é a causa de um erro provocado por má-fé do enunciante. Trata-se de medida grave que o direito não pode compactuar e precisa sempre combater, municiando as partes e os contratantes, ainda que não exponham soluções nos contratos, de mecanismos suficientes quanto bastarem para extirpar o vício provocado pela má-fé.

Dolo e erro, tecnicamente, não se acumulam. Se o erro provier de dolo, não se tratará da aplicação da doutrina do erro em concorrência com o regramento sobre dolo, mas, precisamente, da aplicação, exclusivamente, destas regras.

Em matéria de dolo, há de se distinguir duas espécies: o dolo incidente e o dolo acidental. No dolo incidente, há vontade manifestada que não se daria caso o dolo não tivesse ocorrido. Nesse caso, além do desfazimento do negócio, a parte prejudicada pode buscar indenização por perdas e danos, cumulativamente, por se tratar de prejuízo decorrente de ato ilícito, na linguagem do artigo 186 do Código Civil. No dolo acidental, que ocorre quando "o negócio seria realizado, embora de outro modo", podendo este "outro modo" se refletir no preço, nas condições, nos encargos, nos termos, na prestação das garantias ou nos direitos regressivos convencionados no CCV, o artigo 146 é claro ao estabelecer que só é cabível a indenização.

O dolo ainda pode ocorrer por omissão (artigo 147), hipótese esta mais factível de acontecer em processos de alienação de controle do que o ardil grosseiro ou deliberado. O dolo por omissão se liga à averiguação, no processo de aquisição, se o fluxo das informações previamente conhecidas pelo alienante e que poderiam ter influído no preço

3. ASPECTOS ESPECÍFICOS

e na avaliação pelo adquirente, se deram dentro da boa-fé e dentro do que é necessário para definir as principais características do controle, objeto do negócio (lembre-se aqui do caso da *domus pestilens* utilizado por CICERO). Nesse sentido, PONTES DE MIRANDA esclarece: "O dolo pode consistir em omissão, ou em aproveitamento do êrro de outrem (...), mas daí não se pode tirar que haja dever geral de se miudearem todas as qualidades do objeto (...). Para que a omissão possa ser dolosa é preciso que haja dever de falar ou de esclarecer, e tal dever – que, assim referido, seria vago – há de resultar do uso do tráfico, inclusive dos princípios de boa fé, que impõem o dever de falar a verdade (...); mas, por certo, sem existir direito ilimitado à verdade".[232] Como já pudemos observar, a questão nem giraria tanto em torno da *verdade*, mas do valor de verdade necessário à definição e precisão do objeto do negócio. E, além do "dever de verdade", temos, sob o ponto de vista societário e civil, o *dever de informar*, de relevância positiva mais palpável que o dever de "falar a verdade".

Outro ponto importante e de bastante relevância para o dolo decorrente de discrepância entre declarações enunciativas, processo obrigacional e fatos supervenientes diz respeito ao que PONTES DE MIRANDA enumera como "elementos essenciais do dolo", a saber: "*a)* trata-se de fato suscetível de ser objeto de comunicação de conhecimento (não bastam informações, ainda científicas, sobre o que é provável venha a acontecer, como o aumento de preços, a eleição de alguém, a passagem futura de estrada; *aliter*, a afirmação de que foi aprovado o projeto de estrada, de que alguém foi escolhido candidato, ou de que a comissão de preços já os aumentou); *b)* saber aquele, que provoca, fortalece, ou manté o erro de outrem, que se trata de falso *enunciado de fato* (exclui-se a afirmação erronea, que se emite sem se perceber o erro, ainda que *eventualis*, isto é, o dolo de quem é indiferente a que seja, ou não, verdadeiro o que diz, posto que deseje o resultado); *c)* conhecer o agente a determinação, provocativa, fortalecente ou mantenedora, que na psique da pessoa teria a comunicação falsa explícita, ou implícita, oral, escrita ou silente, que faz (excluem-se as recomendações e os anúncios pelos quais o agente apenas faz sugestão difusa às aquisições, ou outros atos jurídicos, *e.g.*, 'Para tosse, remédio tal'); *d)* o propósito de indução, isto

---

[232] *Tratado...*, Tomo 4, Idem; p. 331 (§ 449, 5).

REPRESENTATIONS & WARRANTIES NO DIREITO BRASILEIRO

é, querer o agente, ainda terceiro, que a pessoa manifeste a vontade (excluem-se, pois, as afirmações jactanciosas, a propagação de notícia falsa, sem que se tenha o fito de levar a pessoa a manifestar a vontade; inclui-se o aproveitamento atual de afirmação jactanciosa, ou de propagação difusa, para induzir a manifestação de vontade)".[233]

Da lista de critérios formulada por PONTES DE MIRANDA, note-se que nos itens "a", "b" e "c", o conteúdo trata especificamente, sem expressamente mencionar, das cláusulas enunciativas. Quanto ao item "d", trata da intenção, valendo lembrar que a hipótese trazida por PONTES quanto ao "aproveitamento de propagação difusa" é plenamente aplicável para os casos em que o ofertante simula proposta mais vantajosa ou a divulga na imprensa, ou, ainda, propaga a existência de outra proposta para acelerar processo de aquisição em curso, notando-se, em momento posterior, que as propostas paralelas divulgadas de maneira incauta constituiram "boatos" para interferir na manifestação de vontade definitiva do adquirente.

Outro item de bastante relevância é o problema atinente ao dolo do representante e o dolo de terceiro não representante. Em processos de alienação de controle, terceiros podem ser considerados os credores e devedores da empresa alvo, bem como a sua administração e funcionários, lembrando sempre que para os efeitos do artigo 148, a parte a quem aproveita o dolo e que dele teria ou devesse ter conhecimento é o próprio controlador. O administrador do controlador, se o controlador for pessoa jurídica, faz o administrador responder como seu representante, e, neste caso, além do que dispõe o artigo 149, vale ter atenção ao artigo 1.015 e a tão criticada teoria *ultra uires*.

No caso de dolo, por se tratar de ato de má-fé, considerando ainda que possa haver aproveitamento para a pessoa jurídica alvo e, indiretamente para o seu controlador, considerando, outrossim, que a responsabilidade objetiva por atos causados por preposto tem tomado considerável vulto em sociedades fechadas e com controlador definido[234], notavelmente no caso em que o controlador faz parte da administração, não haveria porque deixar de reconhecer a responsabilidade do controlador pelo dolo de seus administradores, ainda que se trate de atos da

---

[233] *Tratado...*, Tomo 4, Idem; p. 332 (§ 450, 1).
[234] Vide Silvio RODRIGUES, Op. cit., Idem; pp. 179-180.

administração praticados fora do objeto social específico da sociedade. Da mesma forma, como veremos logo, desvencilhar o controlador do dolo praticado pelos administradores da empresa alvo, ainda que não tenham sido objeto de cláusula enunciativa específica, premia o controlador indolente e relapso, para não dizer do controlador de má-fé.

Por fim, em matéria de dolo, lembre-se que o dolo recíproco não gera direitos, conforme se extrai da letra do artigo 150 do Código Civil.

Em resumo, podemos admitir que quanto ao dolo há muito menos dúvidas do que no erro: em caso de dolo incidente e invalidade, pode-se tanto anular o ato quanto pedir indenização quanto cumular os pedidos;[235] em caso de dolo acidental, somente indenização (artigo 146); em caso de omissão, há dolo quando incidental, mas, raramente, quando acidental (artigo 147); em caso de dolo de terceiro, só responde o enunciante se dele tinha o dever de ter conhecimento ou se, direta ou indiretamente, se aproveitou (artigo 149)[236]; respondendo, integralmente o mandante, em caso de dolo de representante convencional e do representante legal ou obrigatório[237].

3.5.1. *Erro, dolo e invalidade nas alienações de controle, causados por enunciado discrepante: a* misrepresentation *no direito brasileiro.*

De posse desses conceitos que envolvem a definição do controle como objeto de negócio jurídico, na forma de um bem reciprocamente considerado e, filosoficamente, um objeto metafuncional; que tratam da obrigação que se refere à alienação de controle como um processo; que considera a declaração enunciativa, segundo o direito brasileiro, como uma evolução do *pacto adjeto*, em contraposição à natureza de *juramento* que as declarações enunciativas possuem no direito inglês e estado-unidense; e que, sobretudo, considera a articulação entre declaração volitiva e declaração enunciativa como um eixo movido por uma associação

---

[235] PONTES DE MIRANDA, F.C. (*Tratado...*, Tomo 4, Idem; pp. 346-347 [§ 457, 1 e 3]) adite, além da cumulação com perdas e danos, cumular com ação por *quanti minoris* por vício redibitório, pelo princípio da eventualidade e sem prejuízo dos diferentes prazos de prescrição. Contra, como já notamos, Silvio RODRIGUES (Op. cit.; pp. 103-106). Admitindo a cumulação, mas sem aludir à possibilidade de cumulação com vício redibitório, vide MELLO, Marcos Bernardes. *Teoria... – plano da validade* (2000), Idem; pp.142-143.

[236] Nesse sentido, vide as interessantes soluções de Silvio RODRIGUES (Op. cit., Idem; pp. 148-164).

[237] Vide Silvio RODRIGUES (Op. cit., Idem; pp. 179-180).

em segundo nível entre declaração enunciativa e a doutrina de erro e do dolo (mas não a do vício redibitório); cabe-nos agora, antes de concluir, investigar, na operação prática desses conceitos, como eles se encaixam num procedimento de alienação de controle e em suas várias fases.

Tecnicamente, o resumo de tudo o que foi dito pode, mais uma vez, ser amparado pela doutrina de BETTI: "... convirá ter presente que a declaração perceptiva ou dispositiva, constituinte do elemento central de qualquer negócio (§ 16), soe estar acompanhada por declarações representativas ou descritivas (conhecida pelos romanos como *demonstrationes*, e, atualmente, como enunciativas: § 15). Às quais têm, em geral, a função de elucidar e precisar o regulamento prescrito com a declaração dispositiva, seja determinando-lhe os elementos essenciais (sujeito, objeto, modalidade), seja enquadrando-a na situação de fato em que a tem por base. Em concreto, por outro lado, esta função determinativa varia de intensidade e de valor, de acordo com o nexo mais ou menos íntimo, por meio do qual a declaração representativa se encontrar ligada à dispositiva. Eleva-se ao máximo quando uma declaração constituir o complemento necessário da outra, na medida em que vier a identificar os elementos essenciais do negócio ou a circunscrever-lhe o alcance (como condição implícita). Baixa de grau quando, pelo contrário, se limita, simplesmente a reclamar os motivos que influíram na conclusão do negócio ou a caracterizar elementos já identificáveis por outra via. Neste último caso, o nexo entre as duas declarações, representativa e dispositiva, é de tal modo baixo, que aquela pode, perfeitamente, ser eliminada, e esta pode manter-se por si mesma. É precisamente sobre esta possibilidade de afastamento que se funda a regra «*falsa demonstratio non nocet*»."[238]

---

[238] BETTI, E.. Op. cit., Idem, pp. 418-419, assim conforme o original, repetindo passagens, *ipsis litteris*, do §15 da mesma obra: *"... gioverà tener presente che la dichiarizione precettiva o dispositiva costituente l'elemento centrale di ogni negozio (§16) suol essere fiancheggiata da dichiarazioni rappresentative o descrittive (dette daí romani* demonstrationes *e oggi, comumente, enuziative: §15). Le quali, hanno, in generale, la funzione di delucidare e di precisare il regolamento prescrito con la dichiarazione dispositiva, sai determinandone gli elementi essenziali (soggetto, oggetto, modalità), sia inquadrandola nella situazione di fatto che ha per base. In concreto, peraltro, codesta funzione determinativa varia d'intensità e di valore secondo il nesso più o meno intimo, onde la dichiarazione rappresentativa è legata a quella dispositiva. Si eleva al massimo allorché l'una dichiarazione costituisca il complemento necessario dell'altra, in quanto valga a identificare gli elementi essenziali del negozio o a circoscreverne la portata (come condizione implicita). Scema di grado allorché, invece, si limiti*

3. ASPECTOS ESPECÍFICOS

A relação entre as cláusulas enunciativas e as cláusulas preceptivas que se estabelece em função determinativa de que nos fala BETTI é, pois, um problema dúplice: em primeiro lugar, é uma questão que envolve a declaração final, sintética e sinóptica de todo o processo de alienação, normalmente convencionada no CCV; em segundo lugar, pode ser uma questão que envolva o processo em si, qual seja, a formação da vontade que está contida no teor das cláusulas preceptivas. Neste ponto vale muito a pena estabelecer um diálogo entre BETTI e MENEZES CORDEIRO, que tendo se debruçado sobre a jurisprudência alemã da década de 1960' em matéria de *cula in contrahendo* identificou três grupos de decisões das quais nos chamou a atenção as do segundo grupo, assim descritas por MENEZES CORDEIRO: "... a *culpa in contrahendo* prevê deveres de esclarecimento a cargo das partes em negociação. A conclusão de um contrato na base de falsas indicações, de informação deficiente ou, até, de ameaças ilícitas, independentemente da aplicabilidade do regime próprio dos vícios na formação da vontade, implica o dever de indemnizar, por culpa na formação dos contratos".[239]

Quando a relação entre enunciado e disposição de vontade gera um erro por conta de equívoco havido na declaração, mas que decorre de processo de alienação escorreito, sem vícios, sem omissões, com fluxo adequado e firme de informações e atuação de boa-fé das partes, tudo leva a crer que o destinatário do enunciado suporta a contingência. Havendo, entretanto, notado o erro, é dever da parte que notou anunciá-lo, sendo-lhe completamente vedado, por dever de boa-fé, se valer de erro alheio em proveito próprio, se desse erro resultar defeito substancial no negócio jurídico e vantagem indevida por parte de quem se aproveitou.

BETTI assim esclarece: "... onde importar o significado objetivo do ato, ocorre ver se o declarante tem o ônus de estar atento ou, na decla-

---

semplicemente a richiamare i motivi che hanno influito sulla conclusione del negozio o a caratterizzare elementi già identificabili per altra via. In quest'ultimo caso il nesso fra le due dichiarazioni, rappresentative e dispositiva, à talmente basso che quella può benissimo essere stralciata e questa può stare da sé. Per l'appunto su codesta possibilita di straclio si Fonda la massima «falsa demonstratio non nocet».

[239] A. M. R. MENEZES CORDEIRO. *Da Boa Fé...*, Op. cit., Idem, p. 549. Essa é também a linha adotada pela jurisprudência espanhola, conforme noticia Ángel CARRASCO PEREIRA ("*Manifestaciones...*", Op. loc. cit., Ibidem, pp. 281-283).

ração que se faz por intermediário, o ônus de verificar a exatidão da mensagem. Uma vez que nele exista – como, no geral, acontece nos negócios *inter vivos* – um ônus de atenção ou de vigilância, a distração, ou a falta de cuidado, constitui um fato que lhe é *imputável*, e a imputabilidade («culpa»: art. 2.706, parágr.) torna irrelevante a falta de consciência do significado do ato (cf. para este critério, o art. 1.147, nº 2). Nos negócios bilaterais, por outor lado, se o erro se mostra *reconhecível* à contraparte (art. 1.431), surge, a cargo desta, uma obrigação de boa--fé, cuja inobservância exclui de sua parte o nascimento de uma legítima confiança (cf., art. 1.338)"[240].

Por outro lado, se, detectando-se a discrepância entre fato superveniente e enunciado, chegar a se notar que a discrepância foi causada por defeito no processo de aquisição (disposição da vontade), as partes deverão remeter o problema à cláusula de indenização ou ajuste de preço, caso o defeito seja acidental e não substancial, ou à cláusula de resolução caso o defeito seja essencial, substancial e incidental, podendo cumular com indenização se houver prejuízo, sendo possível, ainda, neste caso, reaver os custos da aquisição mais as perdas e os danos diretos sofridos e comprovados. Essa remissão deverá obeceder, tanto na formulação da cláusula quanto na sua interpretação, às teorias do erro e do dolo no negócio jurídico. Procedendo à essa remissão, as partes deverão observar, em primeiro lugar, se o defeito no processo foi gerado pelo enunciante, ou, pelo contrário, pelo destinatário do enunciado. Defeito ou discrepância de enunciado em relação a fatos supervenientes por força de falta de dever de diligência ocorrido durante escorreito processo de alienação e totalmente imputável ao destinatário do enunciado, não pode ser por ele invocado a fim de reduzir um prejuízo que decorre de única e exclusiva responsabilidade do destinatário do enunciado. Um enunciado que assegura que a empresa-alvo tem contra ela apenas

---

[240] Betti, E.. Ibidem, p. 414: *"... dove importa soprattuto il significato oggettivo dell'atto, occorre vedere se il dichiarante abbia l'onere di stare attento o, nella dichiarazione che si fa per un tramite, l'onere di curare l'esatezza del recapito. Dato che in lui vi sai – come c'è generale nei negozi* inter vivos *– un onere di attenzione o di vigilanza, la distrazione o noncuranza costituisce un fatto a lui imputabile, e l'imputabilità («colpa»: art. 2706, capv.) rende irrilevante la mancata coscienza del significato dell'atto (cfr. per questo critério, art. 1147 co. 2). Nei negozi bilaterali, peraltro, se l'errore si dmonstra riconoscibile alla controparte (art. 1431), sorge a carico di questa un obbligo di buna feder, la cui inosservanza esclude da parte sua la nascita di un legittimo affidamento (cfr. art. 1338)".*

3. ASPECTOS ESPECÍFICOS

e tão somente as ações listadas no Anexo "X", onde consta uma cópia do índice de ações enumeradas no *Data Room*, mas que a falta de diligência do adquirente causou-lhe escapar da atenção uma ação judicial vultuosa, não pode ser utilizada pelo mesmo adquirente como fonte para arguição de erro essencial. O negócio deve ser considerado concluído nesses termos, se o alienante, de boa-fé, tudo revelou.

Assim, se o erro decorre de defeito no processo de aquisição, ainda que o instrumento contenha cláusula de novação ou renovação das obrigações, a documentação anterior referente ao processo de aquisição e à evolução da manifestação de vontade das partes, com evidenciação do crescimento do compromisso e da vinculabilidade das avenças, será a base probatória da existência de erro, dolo ou equívoco imputável ao destinatário do enunciado, por falta cometida em seu dever de diligência ou, ainda, falta do enunciante por erro ou dolo gerado em falta no dever de informar. Dentre essa documentação, pode inclusive estar atingida a documentação de escrituração contábil da empresa alvo (artigos 378 a 380 e, sobretudo, o 382, todos do Código de Processo Civil).

4. Conclusões: algumas notas sobre a boa-fé no direito privado

Ao concluir o seu trabalho sobre *A Boa-fé no Direito Privado*, a jurista Judith MARTINS-COSTA ilustrou a sua brilhante tese, baseada na obra suprema do Professor MENEZES CORDEIRO,[241] com dois casos bastante estudados: o caso dos tomates e o caso do posto de gasolina.[242]

O caso do posto de gasolina quase se adequaria a esta proposta de estudo se a nossa preocupação aqui estivesse focada em contratos não concluídos ou cujas negociações entabuladas não formaram um acordo final. Neste passo, seria conveniente entender-se o foco deste estudo trata de contrato concluído e formulado com declarações preceptivas e volitivas articuladas com outras declarações enunciativas e representativas, o campo operativo da responsabilidade negocial que antecede à assinatura do instrumento final, sem embargo de eventual cláusula de renovação das obrigações, é bem mais amplo que o campo operativo das negociações que não geram contrato, pois no primeiro caso, as fases anteriores fundamentam a tomada de decisão final como parte integrante dessa decisão.

MARTINS-COSTA alude a uma vinculação obrigacional anterior à própria vinculação contratual, o que parece preciso atentar, ainda mais em negócios jurídicos de alienação de controle, em que o processo obriga-

---

[241] A. M. R. MENEZES CORDEIRO. *Da Boa fé...*, Op. cit., Idem.
[242] MARTINS-COSTA, J.. Op. cit; pp. 473-480.

cional em fases que podem envolver uma proposta indicativa, contiverem um nível de vinculação contratual bastante diferente da vinculação que se estabelece num CCV, como já visto acima.[243]

Ao diferenciar as fases em que a formação do acordo é "precedida por troca de minutas, de acordos parciais acerca de determinados pontos do negócio a ser formado, e, também, por atos ou comportamentos concludentes"[244], MARTINS-COSTA afirma: "Há, portanto, que distinguir entre a atividade dos sujeitos que visa estabelecer o acordo e a atividade inserida propriamente na criação do contrato".[245]

Mas, como a atenção de MARTINS-COSTA centra-se na vinculabilidade de atos preparatórios, como a troca "de acordos parciais, de minutas, de consentimentos ainda não definitivos, de propostas ainda não aceitas, de pactos de preferência, de cartas de intenção, de *pourparlers* etc."[246], identificou-se, em seus estudos, um conflito entre *proteção da liberdade* e *proteção da confiança*. Entretanto, como estamos aqui falando de declarações enunciativas de contratos celebrados e concluídos, não há porque investigarmos a *proteção da liberdade* nem tampouco porque deixarmos de admitir a integral prevalência da *proteção da confiança* em contratos celebrados.

E nessa proposta de estudo a partir da *proteção da confiança*, prefere--se, para estas conclusões, trazer exemplo tratado por PONTES DE MIRANDA em um de seus pareceres.[247]

A hipótese aventada por PONTES trata sobre a venda das ações de um banco de nome Banco Alfomares S.A. para o Banco do Estado do Paraná

---

[243] Adverte MARTINS-COSTA, J. (Op. cit; pp. 481-482): "em certas ocasiões, verifica-se um lapso temporal antecedente a estes dois momentos [o momento da proposta e o momento da aceitação, quando receptícias], o do encontro entre a proposta e a aceitação, podendo existir uma mais ou menos longa fase negociatória antecedente à própria proposta. É o que a doutrina denomina *fase formativa do contrato*. Aí aparecem, claramente delimitados, dois momentos diversos, o da formação (progressiva) do acordo e o da fusão das declarações negociais que integram e constituem o contrato" (itálicos da autora). Essa "fusão das declarações negociais" é o que chamamos, acima, de *sinalagma* conforme Nota 44.
Nesse mesmo sentido, vide ZANETTI, Cristiano de Souza. *Responsabilidade pela Ruptura das Negociações*. São Paulo: Juarez de Oliveira, 2005; pp. 11 e segs.

[244] Idem, ibidem; p. 482.

[245] Idem, ibidem.

[246] Idem, ibidem; p. 483.

[247] PONTES DE MIRANDA, F.C.. *Dez anos de pareceres...*, vol. 8, Idem, ibidem; pp. 34-47 (Parecer n. 201).

4. CONCLUSÕES: ALGUMAS NOTAS SOBRE A BOA-FÉ NO DIREITO PRIVADO

S.A. e a responsabilidade contratualmente assumida, "em termos explícitos e restritos, pelo vendedor"[248], por força de atos ilícitos praticados pela administração do Banco Alformares S.A., em data anterior à venda as ações. No contrato de venda e compra das ações, datado de 6 de agosto de 1968, o controlador, pessoa física, vendeu ao adquirente, o Banco do Estado do Paraná S.A., por quantia elevada, o controle do Banco Alfomares S.A., por meio da quase totalidade das ações representativas do capital do Alfomares.

O contrato de compra e venda de ações, ao tratar do pagamento do preço das ações, estabelecia quitação do alienante pessoa física com relação a qualquer direito eventualmente pendente por força de sua condição como acionista do Alfomares. Qual seja, o alienante deu, no instrumento, total quitação de seus direitos como acionista e controlador, para a empresa-alvo, que passaria a ser controlada pelo adquirente.

Em segundo lugar, o adquirente do controle deu carta de quitação pelas contas prestadas e pelas informações cedidas, aos administradores do Alfomares, que deixariam o cargo na mudança do controle. Por último, o novo controlador carreou ao Alfomares a responsabilidade pela liquidação dos créditos do Alfomares devidamente apurados e existentes na data da assinatura do contrato, assumindo pelos créditos não pagos que atingissem o montante de dois por cento do total apurado pelas partes. Acima desse valor de dois por cento, a obrigação pela liquidação dos créditos passaria para o antigo controlador, por regresso ao Alfomares contra débito de parte do preço, que ficara retido em conta bancária do tipo *escrow*, aberta no próprio Alformares em nome do alienante pessoa física.

Em 31 de dezembro de 1968, qual seja, menos de cinco meses após a aquisição, o adquirente detectou uma fraude contábil de responsabilidade da administração anterior que acarretara prejuízo em montante equivalente a cinco por cento do preço de compra pago pelo adquirente. A fraude fora gerada por lançamento em duplicidade, somente detectada no curso da nova administração do Alfomares, não informada pelo alienante e não detectada nas fases preliminares de negociação, acarretando um desvio de recursos disponíveis anteriores à venda das ações. Nessa data, o novo controlador do Alfomares pede o reembolso total do

[248] Idem, ibidem; p. 34.

prejuízo, acrescido de juros e comissões.[249] Cobrado o alienante, este voltou com negativa de sua responsabilidade pelo fato de que "o vendedor das ações do Banco Alfomares S.A. de jeito nenhum assumiu a obrigação por atos ilícitos, delituosos, de outrem, inclusive de funcionários do Banco ou de Diretores".[250]

Chamado a opinar sobre a questão, PONTES DE MIRANDA, assentado em COLLAGROSSO & MOLLE, BULLING, DÜCKER, THÖL, HÜBNER, SCHÖMANN & MEIER, VOIGT, NIEMEYER, SOTGIA, D'AMELLIO e FINZI dá razão ao alienante pessoa física, sem ao menos ter tangenciado questões como dever de informar, boa-fé ou eventual responsabilidade direta dos Diretores, com ou sem solidariedade do controlador, coroando a má-fé sem deixar solução para um prejuízo decorrente de fraude.

Seus argumentos, são, no mínimo, curiosos e raramente se sustentariam em vista das tradições e das formas de um processo de alienação de controle dos dias atuais. Note-se, entretanto, que, apesar de termos uma outra legislação para sociedades anônimas aplicável ao caso (o Decreto-lei nº 2.627, de 26-09-1940), o Código Civil, como vimos, em matéria de erro e dolo, e em matéria de declarações enunciativas, pouco ou quase nada mudou, a não ser pelo critério da recognoscibilidade do erro como elemento essencial de sua alegação (atualmente, na redação dada ao artigo 138, alterando o sentido do antigo artigo 86, pela adição de "... que poderia ser percebido por pessoa de diligência normal..."). Note-se, também, que a recognoscibilidade apenas traria mais um elemento de defesa para o vendedor, caso este estivesse agindo de boa-fé.

No sustento de sua posição, a premissa principal estabelecida por PONTES se centra na natureza do *depósito irregular* decorrente da atividade bancária, nestes termos: "Os depósitos bancários, quaisquer que sejam (com termo fixo, pré-aviso ou à vista), supõem, sempre, dação de dinheiro ao banco, com a transmissão da propriedade, por se tratar de bem fungível".[251] E, nesse sentido, "sempre que algum contraente assume responsabilidade por dívida de outrem", no caso, o alienante

---

[249] Sobre o valor depositado em *escrow*, cumpre notar que como a vinculação do valor depositado na conta *escrow* se deu com relação a alguns créditos de liquidação duvidosa, após a liquidação destes, nada restou de garantia real para os novos controladores do Alformares.

[250] Idem, ibidem; p. 37.

[251] Idem, ibidem; p. 38.

4. CONCLUSÕES: ALGUMAS NOTAS SOBRE A BOA-FÉ NO DIREITO PRIVADO

assumindo dívida da empresa alvo, "a cláusula há de ser interpretada restritamente".[252] Seguindo, nessa linha, afirma: "Não se pode estender o campo da garantia".[253] Mas, por quê? Qual regra expressamente proíbe a ampliação do campo de garantia? De onde surge tal vedação tão expressa em detrimento do adquirente de boa-fé e que procedeu com a "devida diligência"? Logo adiante, segue o parecerista: "Se o contrato é de compra-e-venda, a restrição à responsabilidade do vendedor é cláusula que se há de considerar afastante do que se não mencionou, principalmente se, sem a restrição, a responsabilidade não existiria".[254] Esta é, exatamente, a hipótese do *caueat emptor* em sua versão mais radical e que remonta aos tempos do direito romano arcaico.

PONTES DE MIRANDA vê, no contrato de venda e compra de ações ou valores mobiliários que compõem o controle de uma empresa, um verdadeiro negócio jurídico de risco total para o comprador. Disse o parecerista: "O vendedor de ações de sociedade responde pelos vícios e defeitos dos títulos, porém de modo nenhum pelo que se passa dentro da sociedade, *ou pelo que o estado econômico da entidade acarreta de desvalorização das ações*" (grifos aqui editados).[255] Como já pudemos analisar mais detidamente acima, é bastante sintomático que os negócios de alienação de controle funcionem, ainda que residualmente, sob a influência do *caueat emptor* e, por isso, o alienante, pelo que declarar, deve, em regra, responder, ficando livre de responsabilidade daquilo que não declarar enunciativamente, desde que a boa-fé tenha lhe movido o ímpeto na declaração. Mas, afirmar que "de modo nenhum" o alienante pode estar responsabilizado "pelo estado econômico da entidade" que pode gerar "desvalorização das ações" não nos parece, *data maxima venia*, razoável. Senão, onde, na lei, se depreende o princípio que assegura ao alienante desimcumbir-se de suas responsabilidade, já que "de modo nenhum" há jeito ou forma jurídica que lhe faça responder pelo "estado econômico da entidade", ainda que possa refletir no valor direto das ações, qual seja, no cálculo de *valuation* elaborado pelo adquirente ao longo do processo obrigacional de aquisição?

---

[252] Ibidem; p. 40.
[253] Ibidem.
[254] Ibidem.
[255] Ibidem.

Em sequência, resume: "Mesmo quando a venda é de todas, ou de quase todas as ações de uma sociedade", qual seja, mesmo quando se trata de uma companhia fechada com um único dono, controle bem definido, ou até mesmo de subsidiária integral, "não se pode confundir a venda do patrimônio social com a venda das ações".[256] De fato, a confusão não pode se dar, pois o direito à venda do patrimônio social, como visto, caberia exclusivamente à empresa-alvo e não ao seu controlador[257]. Dessa forma, ainda que possamos considerar a venda do patrimônio social como uma forma de cessão de controle sem a necessária venda das ações, é fato que, a alienação de controle, como uma das formas de cessão do controle empresarial, geralmente não escapa à divisão das responsabilidades por meio de declarações enunciativas que definem o controle e as suas principais e mais relevantes características. Por isso, "o vendedor das ações pode vincular-se a alguma responsabilidade, mas a cláusula tem de ser interpretada restritamente"[258], mas, daí, com base nessa afirmação, concluir-se que "se a venda foi do patrimônio social, do fundo da empresa, o comprador, que se refere à possível responsabilidade do vendedor e a restringe, assumiu os riscos, inclusive quanto aos vícios ocultos do bem vendido"[259], nos parece, com a devida homenagem ao grande mestre, um equívoco.

Ainda que se trate de "vício oculto", mesmo sendo a nossa posição adversa e no sentido de se utilizar a teoria do erro ou a teoria do dolo, não há porque, nem em fontes legais, nem na lógica jurídica, admitir premissa que sustente vedação tão expressa se, mesmo na restrição da responsabilidade, o alienante de ações que congregam o controle sobre um fundo, enunciou declaração imprecisa ou equivocada, dentro do espaço restrito. Qual seja, se o vendedor das ações assegurou a "boa liquidação dos créditos existentes ao tempo do contrato" e, existentes ao tempo do contrato são aqueles créditos devidamente escriturados, não

---

[256] Ibidem.

[257] Essa separação patrimonial básica entre controlador e empresa alvo é o que em contabilidade se trata por *Postulado da Entidade*, qual seja, "os sócios ou quotistas destas não se confudem, para efeito contábil, com aquelas..." (vide IUDÍCIBUS, Sérgio; MARTINS, Eliseu & GELBCKE, Ernesto Rubens. *Manual de Contabilidade das sociedades por ações (aplicáveis às demais sociedades)*, 6ª ed.. São Paulo: Atlas, 2003; p. 54. Note-se, entretanto, que desse equívoco até BERLE & MEANS já dissertou (vide Nota 26).

[258] PONTES DE MIRANDA, F.C.. Ibidem.

[259] Ibidem; p.41.

4. CONCLUSÕES: ALGUMAS NOTAS SOBRE A BOA-FÉ NO DIREITO PRIVADO

há porque se entender que a responsabilidade passa integralmente para o novo controlador, sem possibilidade de regresso, se parte dos créditos não comportam boa liquidação meramente por serem produto de *fraude contábil*, que inflou sem propósito o valor patrimonial das ações adquiridas. Pensar em sentido contrário é prestigiar o *enriquecimento sem causa*, ou melhor, o *enriquecimento causado por fraude.*

Em seguida, após diferenciar com precisão a alienação do fundo da alienação do controle por meio da quase totalidade das ações, certa confusão se estabelece novamente com os mesmos conceitos: "A venda de ações pode dar o controle da empresa; porém não basta para que se considere venda de fundo de empresa. Não se vende sociedade por ações com o simples fato da venda de quase todas as ações. As leis exigem mínimo de acionistas, razão por que reputar venda de fundo de empresa a venda de quase todas as ações seria erro. Exercer o controle não é ser dono. Adquirir ações que permitam o controle não é adquirir a sociedade".[260]

Percebe-se, nessa afirmação, uma certa confusão sobre o que pertence à empresa-alvo e o que pertence ao controlador, por meio do controle.[261] Há, no pensamento manifestado, uma sobreposição dos direitos que decorrem do exercício do poder de controle e a pertinência patrimonial da empresa, como uma das características jurídicas do estabelecimento. Na alienação de controle, a separação entre empresa alvo e o seu controle se dá justamente no corpo dos enunciados, mas a responsabilidade do antigo controlador sobre a precisão patrimonial da empresa alvo bem como da efetividade do poder em controlá-la não pode ser afastada por esses argumentos. Na venda de ações não se vende, *diretamente*, o fundo, mas *aliena-se* uma posição jurídica de poder que inclui o fundo como sua maior medida de valor. Negar isso é como separar a cabeça do resto do corpo ou querer vender um carro sem motor, ou, melhor, afirmar-se que na venda do carro, o vendedor responde por tudo,

---

[260] Ibidem.

[261] Ao afirmar que "ser controlador não é ser dono", o conceito de controle admitido por PONTES é bem semelhante a conceito que pode emergir de empresa com dispersão acionária cujo controle fica a cargo da administração. COMPARATO já nos explicitou que esse realmente não é nosso modelo, razão pela qual as soluções de BERLE & MEANS devem ser tomadas com parcimônia, sobretudo por conta da advertência incluída na Nota 26 deste trabalho.

mas se o motor que ele afirma ter 16 válvulas contiver apenas 8, sua responsabilidade deve ser interpretada restritivamente, pois não vendeu motor, mas carro. Dentro de um universo mais técnico, ao atentarmos para o controle como um *bem reciprocamente considerado* com os direitos que lhe dão força para o seu exercício, como poder, não podemos dissociar *totalmente* o conteúdo de uma empresa ou de uma atividade empresarial institucionalizada, do devido exercício do poder de controle. O trecho do fato relevante trazido na Nota 41 deste trabalho exemplifica muito bem essa relação simbiótica entre ativos e controle.

Por fim, suas premissas assim se concluem: "Se o vendedor das ações assumiu alguma responsabilidade pelas dívidas da sociedade, ou pelos créditos da sociedade contra terceiros, não houve venda do fundo da empresa (o que acionistas não podem vender), nem venda de sociedade. Sociedade só se vende por deliberação conforme os estatutos, o que ocorre em fusões e filiações. O fundo de empresa pode ser transferido. Trata-se de alienação de *universitas*. Se se disse alienar a empresa, ou o fundo de empresa, alienou-se tudo que o constitui, inclusive cederam-se os direitos decorrentes dos contratos, e o adquirente sucede na relação jurídica dos contratos, salvo se tem caráter pessoal. Quem aliena o fundo de empresa entende-se alienar o ativo e transferir a passividade, pois raramente lhe seria possível cumprir deveres e as obrigações que exigem a disponibilidade do fundo de empresa. Com o fundo de empresa estava até certo ponto assegurada a solvência do alienante e não se pode interpretar que só se transferiu o ativo, ficando só ao alienante responder pelas dívidas da empresa. Muito diferente é o que se passa com a venda de ações. Se os acionistas venderam todas, a sociedade extingui-se. Se resta o mínimo de acionistas, ela persiste. O que pode advir é o controle da sociedade".[262]

A confusão gerada pela imprecisão operacional dos conceitos postos é bastante saliente nesse trecho. Sobretudo quando afirma que a venda de todas as ações (para um mesmo acionista, imagina-se, no caso, por força do que dispunha o artigo 137, alínea "d" do antigo Decreto-lei nº 2.627/40) pode extinguir a sociedade. Ao assegurar a boa liquidação dos créditos da sociedade onde o controle vai ser exercido, não há, por parte do alienante, uma assunção perante terceiros pelo recebimento

---

[262] Ibidem.

4. CONCLUSÕES: ALGUMAS NOTAS SOBRE A BOA-FÉ NO DIREITO PRIVADO

desse crédito, em posição análoga, subsidiária ou solidária ao devedor original, como pudemos compreender da leitura do artigo 219 do Código Civil de 2002, dantes 86, no de 1916. Há, nessa assunção expressa de responsabilidade entre as partes, um enunciado que firma o negócio jurídico de alienação de controle com bom, válido, eficaz e "verdadeiro entre as partes", independente de erros de enunciado que possam motivar o ajuste do preço ou a indenização entre as partes da alienação do controle, sem que sobre o fundo se opere uma transferência formal ou contábil de valores da empresa alvo para o controlador. É, praticamente, uma garantia de valor declarado, com força de juramento para a cultura estado-unidense e com força de pacto adjeto para a cultura brasileira. Mas, em ambos os casos, válido, eficaz, efetivo e exequível juridicamente, seja para desfazimento do negócio, seja para ajuste do preço, seja para indenização, se for percebido erro, dolo ou fraude.

No caso comentado por PONTES, a fraude é óbvia: duplicidade de entradas na escrituração era ofensa ao princípio da individualização dos lançamentos, então consagrados no texto do artigo 12 do antigo Código Comercial de 1850, então em vigor, e atualmente reproduzidos na íntegra no *caput* do artigo 1.184 do Código Civil de 2002.

Nas respostas dadas no parecer, ainda se colhem as seguintes afirmações: "o vendedor das ações de maneira nenhuma assumiu a responsabilidade pelos atos dos 'antigos diretores', nem pelos atos ilícitos absolutos de qualquer pessoa (...). Seria absurdo que alguém assumisse, como vendedor de ações, responsabilidade pelos delitos de diretores da sociedade cujas ações vendeu".[263] Entretanto, essa responsabilidade, como visto acima, não decorre apenas de convenção, mas no caso de dolo, advém também do dever de informar na alienação do controle, do dever de proceder com boa-fé, e, sobretudo, do dever de diligência que qualquer controlador deve ter com relação aos direitores por ele, controlador, indicados. A responsabilidade *civil* (e não criminal, que, obviamente é subjetiva) que o controlador tem por delitos praticados pelos seus prepostos (nos termos do artigo 1.521, inciso III do Código Civil então em vigor, bem como pelo artigo 116 *caput* do Decreto-lei nº 2.627/40) deve decorrer precisamente de seu dever, como acionista controlador, de eleição e vigilância, sobretudo quando se beneficiou de atos ilegais pra-

---

[263] Ibidem; p. 42.

ticados pela diretoria, ainda que o benefício tenha sido obtido de forma indireta, por meio de dividendos "inflados" ou uma distribuição disfarçada de lucros oriunda do desvio perpetrado pela diretoria. Portanto, tal assunção de responsabilidade não nos parece assim tão absurda, principalmente porque a prática hodierna, sabiamente, já sedimentou esse entendimento.

Segue o parecerista, com a sua opinião: "Falar-se, aí, em compensação, como se dá na carta do Banco Alfomares S.A., é absurdo: não há responsabilidade do vendedor das ações, como se daria se ele segurasse por danos causados por furto ou roubo; nem se pode compensar com dívida incerta e ilíquida (cf. Código Civil, arts. 1.010 e 1.533). Teria de haver julgamento dos Diretores, que se apontaram como responsáveis, e – trânsita em julgado a decisão – somente teria de responder a Diretoria que exercia as funções na época em que os delitos ocorreram. Nada tem com isso o vendedor das ações".[264] Nesse contexto, a compensação que resultaria de um ajuste de preço, definitivamente, não é absurda e tem inúmeros fundamentos jurídicos, como já explanado acima. Absurdo, *data maxima venia*, seria, com todo o respeito, reputar a situação como absurda, com fundamento no artigo 1.010 do Código de 1916, sendo que, para atingir a condição estabelecida pelo artigo de lei, basta apurar o prejuízo para que se atinja o valor líquido: muita vez, o prejuízo não passa de um cálculo aritmético simples; outras, de cálculo que demanda a arbitragem de empresa especializada, mas, em nenhum caso, é obstáculo para se cobrar reembolso do comprador ao vendedor. Da mesma forma, tendo-se a fraude por factível e mensurável, por se tratar de fraude contábil, não há porque reputar ao problema uma solução por arbitramento (artigo 1.533), nem porque retirar do antigo controlador a responsabilidade assumida pela fraude de diretores por ele indicado, que, diga-se de passagem, tem isso muito a ver com as coisas e os proventos do controlador, seja em forma de dividendos, seja em forma de valor patrimonial das ações ao tempo do contrato, seja em forma de prêmio de controle ou ainda de vantagem obtida por distribuição disfarçada de lucros.

Pior, ainda, é negar, de todo, ao novo controlador, o direito de rever as contas que foram formuladas sobre a escrituração fraudada, nestes

---

[264] Ibidem; pp. 42-43.

4. CONCLUSÕES: ALGUMAS NOTAS SOBRE A BOA-FÉ NO DIREITO PRIVADO

termos: "O Decreto-lei n. 2.627, de 26 de setembro de 1940, art. 101, estatui: 'A aprovação sem reserva, do balanço e das contas exonera da responsabilidade os membros da Diretoria e do Conselho Fiscal, salvo erro, dolo, fraude ou simulação'. Mas o adquirente das ações do Banco Alformares S.A. entregou 'aos diretores desta carta no qual dá por prestadas, boas e quitadas todas as contas e atos de suas respectivas gestões até hoje. O que o Banco Alfomares S.A. supõe desviado teria ocorrido no segundo semestre de 1967. Na Assembléia Geral Ordinária de 1968 foram prestadas e aprovadas as contas. O Banco do Estado do Paraná S.A. não poderia impugnar a deliberação porque renunciou a isso, uma vez que declarou 'prestadas, boas e quitadas todas as contas e atos' até a data de assinatura do contrato".[265] Entretanto, desse quadro, há dois pontos de extrema relevância que não foram cuidados na opinião de PONTES, a saber: (i) a ressalva do artigo 101 (reproduzida integralmente na Lei nº 6.404/76, artigo 134, §3º) a respeito de "erro, dolo, fraude ou simulação" e, (ii) a suposta "renúncia" contida na quitação dada pelo adquirente das ações.

Para explorar essas duas questões, é necessário ter em mente que as "contas" de uma companhia são o reflexo de sua escrituração. Se, durante o processo de auditoria, o programa de auditoria é feito mermamente sobre as demonstrações financeiras ou outras "contas" ou, quando, ainda, se faz uma auditoria com análise da escrituração por amostragem, apenas para verificar a acuracidade das "contas", é absolutamente óbvio que qualquer erro procedido nas demonstrações financeiras que não se ajustem à realidade da escrituração, cai imediatamente na esfera da teoria do erro (artigo 138 e seguintes do Código Civil de 2002), quando decorrentes de mero equívoco de boa-fé dos diretores que geriram a empresa até a sua transferência. Se a dissonância entre escrituração contábil e demonstrações financeiras ("contas") decorrer de fraude ou má-fé da diretoria em exercício em data anterior à transferência do controle, estaremos diante da teoria do dolo e de todos os seus efeitos (artigos 145 e seguintes do Código Civil de 2002). Em segundo lugar e por decorrência lógica, ao dar quitação pelo que foi apresentado, imaginando-se que as "contas" refletiam a escrituração e o estado da empresa em si, não se pode imaginar, jamais, que o adquirente, com essa quitação,

---

[265] Ibidem; p. 43.

formaliza desistência de reclamar, posteriormente, por atos praticados por erro, dolo, má-fé, simulação, fraude, delitos ou crime. Isso seria premiar a má-fé, jogando a lógica jurídica ao acaso.

É, portanto, de se notar que nem o direito vigente em 1967 e 1968, nem o direito atualmente vigente e nem sequer o direito romano pos-clássico, com as suas *actiones bona fidei*, tolerariam esse tipo de situação, considerando o antigo controlador totalmente alheio a uma situação como essa. Entendemos, assim, que o princípio da boa-fé objetiva, irradiado pelo dever de informar e pela proteção da confiança, jamais permitiu que um negócio jurídico pudesse criar obrigações em processo complexo, cujos efeitos cairiam a um acaso que empurraria o novo controlador e investigar a culpa, judicialmente, por fatos que lhe eram totalmente alheios, distantes de seu conhecimento, e muito próximos da ciência do antigo controlador, que, supõe-se, conhecia melhor a diretoria por ele indicada.

Ousa-se discordar, nesse contexto, desta conclusão dada por PONTES: "O que, qualquer que tenha sido a causa, constava de títulos de crédito, tinha de ter boa liquidação. O que não constava do ativo do banco, absolutamente não. Seria interpretar-se a cláusula contratual como de responsabilidade pelo desconhecido, por atos ilícitos de outros Diretores, ou de simples empregados. Seria interpretação fora da regularidade das assunções de obrigações".[266] Parece-nos cristalino que o que está fora de regularidade é o desvio decorrente de fraude contábil, e não a assunção, pelo vendedor das ações, por qualquer problema que pudesse acarretar, diretamente, no valor estimado por tais ações e eventual prêmio de controle pago no ato da alienação.

Na compreensão da alienação de controle como verdadeiro processo, cujo objeto do negócio jurídico, o controle, em sua concepção como bem reciprocamente considerado com outros direitos, a doutrina do erro e do dolo são as regras que melhor solvem problemas decorrentes de discrepâncias entre declarações enunciativas, de um lado, e declarações volitivas, de outro. O processo de alienação de controle, informado pelo princípio da boa-fé objetiva, na acepção técnica empregada por MARTINS-COSTA e Clóvis do COUTO E SILVA, e movimentado pelo dever de informar e pela proteção da confiança, oferece um quadro

[266] Ibidem; p. 46.

4. CONCLUSÕES: ALGUMAS NOTAS SOBRE A BOA-FÉ NO DIREITO PRIVADO

sistêmico completamente diverso desse proposto por PONTES para o caso Alfomares. O quadro sistêmico-jurídico que envolve: (i) controle como bem metafuncional e reciprocamente considerado com outros direitos; (ii) a alienação de controle como processo obrigacional de vinculabilidade escalonada e crescente, na medida do aumento da confiança entre as partes; (iii) o princípio da boa-fé objetiva como eixo central de movimentação desse processo obrigacional; (iiii) o dever de informar como regra básica operacional de qualquer processo obrigacional de alienação de controle; e (v) a doutrina do erro e do dolo (e também da *culpa in contrahendo*, pelo dever de dilgência), articulando declarações enunciativas, declarações volitivas, possibilidade de resolução, ajuste de preço, indenização ou reembolso como saídas jurídicas, é, ao nosso ver, o melhor quadro para se operar processos obrigacionais complexos e com vontades articuladas no mesmo nível, onde os resquícios do *caueat emptor* ainda operam em matéria de assunção de riscos pelo adquirente e disciplinamento dessa assunção em solidariedade ou em regresso com o alienante.

Assim, é plausível resumir tudo nestes termos:

§1 – O controle é um objeto multifuncional e um bem reciprocamente considerado, para os fins do direito brasileiro.

§2 – A alienação de controle é um processo obrigacional.

§3 – As chamadas cláusulas de *representations and warranties* nas alienações de controle e em outros contratos, para o direito brasileiro, equivalem às declarações enunciativas, previstas no Código Civil artigo 219.

§4 – As declarações enunciativas, no direito brasileiro, podem ter origem nos pactos adjetos, ao passo que no direito estado-unidense, certamente, podem ter origem nos juramentos, de onde a *misrepresentation* pode até gerar delito de perjúrio.

§5 – O direito moderno, visando minimizar o impacto do princípio do *caueat emptor*, desenvolveu mecanismos (legais e convencionais) para distribuir riscos e responsabilidades em negócios jurídicos, dos quais o Brasil não pode se alhear, sob pena de perda de uma importante linha evolutiva na doutrina de negócios jurídicos ao redor do mundo.

§6 – A discrepância dentre declarações enunciativas e preceptivas é menos uma questão de "falso ou verdadeiro", que de preservação e ajuste de uma convenção de interloução dentre dois agentes jurídicos.

§7 – Dessa discrepância surgem efeitos que podem decorrer da doutrina do erro ou da doutrina do dolo, segundo a atuação das partes no processo obrigacional e a formulação dos enunciados dentro de parâmetros de boa-fé objetiva.

§8 – A discrepância entre enunciado e processo obrigacional pode advir de problemas atinentes ao enunciado ou de problemas atinentes ao processo obrigacional.

§9 – Se a discrepância decorre de má-fé ou ausência de boa-fé objetiva (omissão, por exemplo), com aplicação da doutrina do dolo, pouco importa se o vício está no enunciado ou no processo obrigacional: a parte prejudicada poderá optar por anulação, ajuste de preço ou indenização, a não ser que tenha agido com dolo, igualmente, ou que tenha falhado muito gravemente na diligência.

§10 – Se a discrepância decorre de atos de boa-fé de ambas as partes, vícios no enunciado, como regra geral, não podem eximir o manifestante da vontade dos riscos do negócio, por erro, sobretudo se falhou no dever de diligência.

§11 – Se a discrepância decorre de atos de boa-fé de ambas as partes, vícios no processo obrigacional mediante atuação firme e diligente do manifestante da vontade, incide a doutrina do erro, sendo viável desfazer-se o negócio quando essencial ou substancial, podendo cumular-se com indenização por perdas e danos sofridos nos custos da negociação.

§12 – Se a discrepância decorre de atos de boa-fé de ambas as partes, vícios no processo obrigacional mediante atuação firme e diligente do manifestante da vontade, incide a doutrina do erro, sendo viável somente a indenização ou ajuste de preço quando meramente substancial e não essencial e não conveniente a anulação, conforme, em regra geral, critério exclusivo do prejudicado.

No mais, *last, but not the least*, fica a impressão de que as grandes soluções para grandes problemas do Novo Direito Societário ainda podem ser fornecidas pelo Velho Direito Civil.

5. Bibliografia

ABLA, Maristela Sabbag. "Sucessão Empresarial – Declarações e Garantias – O Papel da *Legal Due Diligence*", *In Reorganização Societária* (orgs.: Rodrigo R. Monteiro de Castro & Leandro Santos de Aragão). São Paulo: Quartier Latin, 2005.

ALVES, Sérgio Darcy da Silva. "Avaliações de fusões de bancos", *In Revista de Direito Bancário, do Mercado de Capitais e da Arbitragem*, volume 19. São Paulo: Revista dos Tribunais, jan-mar/2003; pp. 13-18.

AMARAL, Paulo Afonso de Sampaio. "A compra do controle de uma sociedade mercantil por uma companhia aberta", *In Revista de Direito Mercantil, Industrial, Econômico e Financeiro*, volume 33. São Paulo: Revista dos Tribunais, jan-mar/1979; pp. 41-46.

ANDRADE MARQUES, Maria Beatriz Loureiro de. "Contrato Preliminar – Breve Análise dos artigos 462 a 466 do Código Civil", *In Revista de Direito Mercantil, Industrial, Econômico e Financeiro*, volume 132. São Paulo: Malheiros, jul-set/2003; pp. 156-159.

ANDREZO, Andréa Fernandes. "A alienação de controle de companhia aberta e a recente reforma da legislação societária – efetivo avanço?", *In Revista de Direito Mercantil, Industrial, Econômico e Financeiro*, volume 130. São Paulo: Malheiros, abr-jun/2003; pp. 160-179.

ARAGÃO, Leandro Santos de. "Dever de Informar e Operações de Reorganização Societária – procedimento preparatório e as informações assimétricas", *In Reorganização Societária* (orgs.: Rodrigo R. Monteiro de Castro & Leandro Santos de Aragão). São Paulo: Quartier Latin, 2005.

ARANGIO-RUIZ, Vicenzo. *Responsabilità Contrattuale in Diritto Romano*, 1ª reimpressão, 2ª Ed.. Napoli: Jovene, 1987.

_____. *Storia Del Diritto Romano*, 7ª Ed.., 1ª reimpressão. Napoli: Jovene, 2006.

ARNAOUTOGLOU, Ilias. *Leis da Grécia Antiga* (tradução Ordep Trindade Serra & Rosiléia Pizarro Carnelós). São Paulo: Odysseus, 2003.

ARISTÓTELES. *Ética à Nicômaco* (versão bilíngue inglês-grego: *Nichomachean Ethics* / HQIKWN NIKOMACEION, coordenada Jeffrey Henderson e traduzida por H. Rackham, baseada nas versões de Bekker e Erasmo), 2ª ed., 12ª reimpressão. Cambridge, Mass: Harvard University Press, 2003.

AZEVEDO, Antonio Junqueira de. *Negócio jurídico e declaração negocial: noções gerais e formação de declaração negocial* (Tese de Titular para a Cadeira de Direito Civil da Universidade de São Paulo – Data da Def: 23.06.1986). São Paulo: Faculdade de Direito da Universidade de São Paulo, 1986.

_____. *Negócio Jurídico – Existência, Validade e Eficácia*, 4ª ed.. São Paulo: Saraiva, 2002.

BARROS, Diana Luz Pessoa de. *Teoria do Discurso – Fundamentos Semióticos*, 3ª ed.. São Paulo: Humanitas, 2002.

_____. *Teoria Semiótica do Texto*, 3ª ed.. São Paulo: Ática, 1997.

BARTHES, Roland. *Elementos de Semiologia* (tradução de Izidoro Blikstein), 4ª ed.. São Paulo: Cultrix, 1976.

BAUDRILLARD, Jean. *O sistema dos objetos*. (tradução de Zulmira Ribeiro Tavares). São Paulo: Perspectiva, 2004.

BERLE, Adolf Augustus & MEANS, Gardiner Coit. *The modern corporation and private property*, 4ª reimpressão. New Brunswick: Transaction, 2002.

BESSONE, Darcy. *Do Contrato – Teoria Geral*, 4ª ed.. São Paulo: Saraiva, 1997.

BETTI, Emilio. *Teoria Generale del Negozio Giuridico*, 1ª reimpressão. Napoli: Edizione Scientifiche Italiane, 2002.

_____. *Diritto Romano I: parte generale*. Padova: CEDAM, 1935.

BEVILÁQUA, Clóvis. *Código Civil dos Estados Unidos do Brasil Commentado*, 6ª ed, vol. I. Rio de Janeiro: Francisco Alves, 1940.

BOTREL, Sérgio. *Fusões e Aquisições*. São Paulo: Saraiva, 2012.

BREALEY, Richard A. & MYERS, Stuart C. *Principles of Corporate Finance*, 6ª ed.. Burr Ridge: Irwin & McGraw-Hill, 2000.

BRUNA, Sérgio Varella & NEJM, Edmundo. *"Due diligence* – identificando contingências para prever riscos futuros", *In Fusões e aquisições: aspectos jurídicos e econômicos* (SADDI, Jairo, org.) São Paulo: IOB/Thomson, 2002.

CANTIDIANO, Luiz Leonardo. "Alienação e aquisição de controle", *In Revista de Direito Mercantil, Industrial, Econômico e Financeiro*, volume 59. São Paulo: Revista dos Tribunais, jul-set/1985; pp. 56-67.

CARRASCO PEREIRA, Ángel. *"Manifestaciones y garantías y responsabilidad por incumplimiento"*, *In Fusiones y Adquisiciones de Empresas* [coords.: José Maria Álvarez Arjona; Ángel Carrasco Pereira]. Alcano, Navarra: Aranzadi/Thompson, 2004.

CARVALHO DE MENDONÇA, Manoel Ignácio. *Doutrina e Prática das Obrigações* ou *Tratado Geral dos Direitos de Crédito*, Vol. I, 2ª ed.. Rio de Janeiro: Francisco Alves, 1911.

CARVALHO SANTOS, João Manuel. *Código Civil Brasileiro Interpretado*, Vols. II e III, 13ª ed.. Rio de Janeiro: Freitas Bastos, 1988.

CHAMPAUD, Claude. *Le Pouvoir de Concentration de la Societé par Actions*. Paris: Sirey, 1962.

CHOMSKY, Noam. *Aspectos da Teoria da Sintaxe* (tradução de José António Meireles), 2ª ed.. Coimbra: Arménio Amado, 1978.

_____. *Syntatic Structures*, 12ª reimpressão. The Hague: Mouton, 1976.

CICERO, Marco Tulio. *de Officiis*. Cambridge, Mass: Harvard University Press, 1999.

COLE, Brett. *M&A Titans – The Pioneers Who Shaped Wall Street's Mergers and Aquisitions Industry*. Hoboken, NJ: Wiley & Sons, 2008.

COMPARATO, Fábio Konder. *Aspectos Jurídicos da Macro-Empresa*. São Paulo: Revista dos Tribunais, 1970.

_____. "A cessão de controle acionário é negócio mercantil?", *In Revista de Direito Mercantil, Industrial, Econômico e Financeiro*, volume 37. São Paulo: Revista dos Tribunais, jan-mar/1979; pp. 113-124.

_____. "Reflexões sobre as promessas de cessão de controle acionário", *In Revista de Direito Mercantil, Industrial, Econômico e Financeiro*, volume 32. São Paulo: Revista dos Tribunais, 1978; pp. 77-92.

_____. "Sucessões Empresariais", *In Revista dos Tribunais*, volume 747. São Paulo: Revista dos Tribunais, janeiro de 1998; pp. 793-799.

_____. "A função social da propriedade dos bens de produção", *In Revista de Direito Mercantil, Industrial, Econômico e Financeiro*, volume 63. São Paulo: Revista dos Tribunais, jul-set/1986; pp. 71-79.

_____. "Alienação de controle de companhia aberta", *In Direito Empresarial, estudos e pareceres*. São Paulo: Saraiva, 1990; pp. 75-80.

_____. "Controle conjunto, abuso no exercício do voto acionário e alienação indireta de controle empresarial", *In Direito Empresarial, estudos e pareceres*. São Paulo: Saraiva, 1990; pp. 81-102.

_____. "Função do valor nominal das ações de companhias. Especificidade e importância do poder de controle na avaliação de ações", *In Ensaios e Pareceres de Direito Empresarial*. Rio de Janeiro: Forense, 1978; pp. 97- 111.

COMPARATO, Fábio Konder & SALOMÃO FILHO, Calixto. *O poder de controle na sociedade anônima*, 5ª ed.. Rio de Janeiro: Forense, 2008.

COUTO E SILVA, Clóvis Veríssimo do. *A obrigação como processo*. São Paulo: José Bushatsky, 1976.

CRASWELL, Richard. *"Taking Information Seriously: Misrepresentation and Nondisclosure in Contract Law and Elsewhere"* In Virginia Law Review, vol. 92, n.4. Charlottesville, VA: Virginia Law Review Association, Junho de 2006; pp. 565-632.

DAVIS, Kevin "Licensing Lies: Merger Clauses, the Parol Evidence Rule and Pre-Contractual Misrepresentations", *In Valparaiso University Law Review*, vol. 33, n. 2, Valparaíso, IN: Valparaiso University Law Review, Maio de 199; pp. 485-528.

_____. "The role of Nonprofits in the production of boilerplate", *In Michigan Law Review*, vol. 104, Ann Arbor, MI: Michigan Law Review, Março de 2006, pp. 1075-1103.

DE CUPIS, Adriano. *Instituzioni di Diritto Privato*, 2ª ed.. Milano: Giuffrè, 1980.

DERRIDA, Jacques. *A Farmácia de Platão* (tradução de Rogério Costa), 3ª ed.. São Paulo: Iluminuras, 2005.

DINAMARCO, Cândido Rangel. *A Instrumentalidade do Processo*, 12ª ed.. São Paulo: Malheiros, 2005.

EIZIRIK, Nelson Lars. "Propriedade e controle na companhia aberta – uma análise teórica", *In Revista de Direito Mercantil, Industrial, Econômico e Financeiro*, volume 54. São Paulo: Revista dos Tribunais, abr--jun/1984; pp. 90-104.

EIZIRIK, Nelson Lars & CARVALHOSA, Modesto de Barros. *A Nova lei das S/A*. São Paulo: Saraiva, 2002.

ENEI, José Virgílio Lopes. *Project Finance: financiamento com foco em empreendimentos (parcerias público--privadas, 'leveraged buy-outs' e outras figuras afins)*. São Paulo: Saraiva, 2007.

FERNANDES, Wanderley. "Formação de contrato preliminar suscetível de adjudicação compulsória", *In Revista de Direito Mercantil, Industrial, Econômico e Financeiro*,

5. BIBLIOGRAFIA

volume 80. São Paulo: Revista dos Tribunais, jan-mar/1991; pp. 76-132.

FEÜERBACH, Anselm Ritter. *Lehrbuch des Gemeinen in Deutschland Gültingen Peinlichen Rechts*, 14ª ed.. Giessen: Georg Friedrich Heyer's Verlag, 1847.

FIORIN, José Luiz. *Elementos de Análise do Discurso*, 7ª ed.. São Paulo: Contexto, 1999.

FONSECA, Paulo Sérgio Augusto da. "A transferência do controle acionário e a jurisprudência do conselho de recursos do sistema financeiro nacional" *In Revista de Direito Bancário, do Mercado de Capitais e da Arbitragem*, volume 22. São Paulo: Revista dos Tribunais, out-dez/2003; pp. 78-87.

FRANÇA, Erasmo Valladão Azevedo e Novaes. "Alteração de Controle Direito e Indireto de Companhia", *In Poder de Controle e Outros Temas de Direito Societário e Mercado de Capitais* (orgs.: Rodrigo R. Monteiro de Castro & Luís André N. de Moura Azevedo). São Paulo: Quartier Latin, 2010; pp. 264-284.

FRANCESCHELLI, Bruno. *Appunti in time di cessione dei crediti*. Napoli: Dott. Eugenio Jovene, 1957.

FRANCO, Hilário & MARRA, Ernesto. *Auditoria Contábil*, 4ª ed.. São Paulo: Atlas, 2001.

FRANCO MONTORO, Thereza Maria Sarfert. "O Contrato Preliminar, o Novo Código Civil e a Análise Econômica do Direito", *In Revista de Direito Mercantil, Industrial, Econômico e Financeiro*, volume 132. São Paulo: Malheiros, jul-set/2003; pp. 151-155.

FREUND, James C. *ANATOMY OF A MERGER: STRATEGIES AND TECHNIQUES FOR NEGOTIATING CORPORATE ACQUISITIONS*. Nova Iorque: Law Journal Press, 1975.

FRIEDMAN, Lawrence Meir. *A History of American Law*, 2ª ed.. Nova Iorque: Touchstone, 1985.

_____. *Total Justice*. Nova Iorque: Russel Sage Foundation, 1994.

VON GLÜCK, Christian Friederich. *Ausfühliche Erläuterung der Pandecten*, tomos 4, 16 e 17, 2ª ed.. Erlangen: Palm & Enke, 1867.

GOMES, Orlando. *Introdução do Direito Civil*, 3ª ed.. Rio de Janeiro: Forense, 1971; p. 416.

_____. "Inovações na Teoria Geral do Contrato", *In Novos Temas de Direito Civil*. Rio de Janeiro: Forense, 1983.

GRAU, Eros Roberto. *A Ordem Econômica na Constituição de 1988 – interpretação e crítica*, 4ª ed.. São Paulo: Malheiros, 1998.

_____. *Direito Posto e Direito Pressuposto*, 3ª ed.. São Paulo: Malheiros, 2000.

_____. *A Interpretação Constitucional como Processo*. Brasília: Consulex, 1998.

GREIMAS, Algirdas Julian. *Semiótica do Discurso Científico – da Modalidade* (tradução de Cidmar Teodoro Pais). São Paulo: DIFEL, 1976.

GRINOVER, Ada Pellegrini. "Princípios processuais fora do processo", *In Revista de Processo*, volume 147, ano 32. São Paulo: Revista dos Tribunais, maio de 2007; pp. 307-330.

HILL, Alfred. *"The Sale of Controlling Shares"*, *In Harvard Law Review*, vol. 70. Cambridge, Mass: Harvard Law Review Association, 1957; pp. 986-1039.

HORWITZ, Morton J. *The Transformation of American Law – 1780-1860*. Cambridge: Harvard Universisty Press, 1977.

IUDÍCIBUS, Sérgio; MARTINS, Eliseu & GELBCKE, Ernesto Rubens. *Manual de Contabilidade das sociedades por ações (aplicáveis às demais sociedades)*, 6ª ed.. São Paulo: Atlas, 2003.

VON JHERING, Rudolf. "Do erro sobre a *causa traditionis* nas convenções bilaterais" *In Questões de Direito Civil* (tradução de Adherbal de Carvalho), 2ª ed.. Rio de Janeiro: Garnier, 1910.

KENT, James. *Commentaries on American Law*, vol. 2. Nova Iorque: O. Halstead, 1826.

KLING, Lou & NUGENT-SIMON, Eileen. NEGOTIATED ACQUISITIONS OF COMPANIES, SUBSIDIARIES, AND DIVISIONS. Nova Iorque: Law Journal Seminars Press, 1995.

LAGENVOORT, Donald C. *"Half-Truths: Protecting Mistaken Inferences By Investors and Others"*, *In Stanford Law Review*, vol. 52. Palo Alto, CA: The Board of Trustees of Leland Stanford Junior University, Novembro de 1999, pp. 87-129.

LEÃES, Luiz Gastão Paes de Barros. "Alienação de controle de companhia aberta seguida do fechamento do seu capital", *In Revista de Direito Mercantil, Industrial, Econômico e Financeiro*, volume 113. São Paulo: Malheiros, jan-mar/1999; pp. 255-264.

LEVINSON, Stephen C.. *Pragmatics*, 13ª reimpressão. Cambridge: Cambridge University Press, 2002.

LOBO, Jorge. "Interpretação realista da alienação de controle de companhia aberta", *In Revista de Direito Mercantil, Industrial, Econômico e Financeiro*, volume 123. São Paulo: Malheiros, jul-set/2001; pp. 7-22.

LUHMANN, Niklas. *A sociological theory of law* (tradução de Elizabeth King e Martin Albrow). Londres: Routledge & Kegan, 1985.

_____. *Legitimação pelo procedimento*, tradução de Maria da Conceição Côrte-Real. Brasília: UnB, 1980.

MARTINS-COSTA, Judith. *A Boa-Fé no Direito Privado: sistema e tópica* no processo obrigacional. São Paulo: RT, 1999.

MARUOTTI, Laura Salidoro. *La Tradizione Romanistica nel Diritto Europeo*. Vol.II: *dalla crisi dello ius commune alle codificazioni moderne*. Turim: Giappichelli, 2011.

_____. *Gli Obblighi di Informazione a carico del venditore – origini storiche e prospettive attuali*. Napoli: Satura, 2007.

MAZEAUD, Henri; MAZEAUD, León & MAZEAUD, Jean. *Leçons de Droit Civil*, Tomo 2, Vol. 1, 6ª ed.. Paris: Montchrestien, 1978.

MEDAUAR, Odete. *A processualidade no direito administrativo*. São Paulo: Revista dos Tribunais, 1993.

MELLO, Márcio Bernardes. *Teoria do fato jurídico*, 6ª ed.. São Paulo: Saraiva, 1994.

_____. *Teoria do fato jurídico – plano da validade*, 4ª ed.. São Paulo: Saraiva, 2000.

MENEZES CORDEIRO, António Manuel da Rocha e. *Da Boa-Fé no Direito Civil*, 3ª reimpressão. Coimbra: Almedina, 2007.

MESSINEO, Francesco. *Manuale di Diritto Civile e Commerciale*, Vol. III, 9ª ed.. Milão: Giuffrè, 1957.

MONTEIRO, Washington de Barros. *Curso de Direito Civil – Parte Geral*, 1º volume, 20ª ed.. São Paulo: Saraiva, 1981.

MORAES, Luiza Rangel de. "O abuso de poder na transferência de controle acionário" *In Revista de Direito Bancário, do Mercado de Capitais e da Arbitragem*, volume 24. São Paulo: Revista dos Tribunais, abr-jun/2004; pp. 54-76.

MORAES, Mauro Delphim de. "Banco Comercial – Cessão de controle acionário – Incorporação – Apelação Cível nº 58.983-1 – Tribunal de Justiça do Estado de São Paulo – 4ª Câmara Cível – j.: 27.6.1985, rel. Des. Freitas Camargo", *In Revista de Direito Mercantil, Industrial, Econômico e Financeiro*, volume 61. São Paulo: Revista dos Tribunais, jan-mar//1986; p. 63-75.

_____. "A Sucessão nas obrigações aziendais no direito brasileiro", *In Revista de Direito Mercantil, Industrial, Econômico e Financeiro*, volume 32. São Paulo: Revista dos Tribunais, 1978; pp. 17-40.

MOREIRA ALVES, José Carlos. *Direito Romano*, vol. I (10ª ed.) e II (5ª ed.). Rio de Janeiro: Forense, 1995.

MOTTA, Nelson Cândido. "Alienação de controle de instituições financeiras. Acionistas minoritários. Notas para uma interpretação sistemática da Lei das S/A", *In Revista de Direito Mercantil, Industrial, Econômico e Financeiro*, volume 46. São Paulo: Revista dos Tribunais, abr-jun/1982; pp. 33-50.

_____. "Alienação do poder de controle compartilhado", *In Revista de Direito Mercantil, Industrial, Econômico e Financeiro*, volume 89. São Paulo: Revista dos Tribunais, jan--mar/1993; pp. 42-46.

MUNHOZ, Eduardo Secchi. *Empresa contemporânea e direito societário: poder de controle e grupos de sociedades*. São Paulo: Juarez de Oliveira, 2002.

MUNIZ, Joaquim de Paiva. "Poder de Controle. Conflito de Interesses e proteção aos minoritários e *stakeholders*" *In Revista de Direito Bancário, do Mercado de Capitais e da Arbitragem*, volume 28. São Paulo: Revista dos Tribunais, abr--jun/2005; pp. 70-94.

MURACHCO, Henrique. *Língua Grega: visão semântica, lógica, orgânica e funcional*, 2ª ed., vol. I. São Paulo: Vozes, 2002.

OIOLI, Erik Frederico. *Oferta Pública de Aquisição do Controle de Companhias Abertas*. São Paulo: Quartier Latin, 2010.

PENALVA SANTOS, Joaquim Antonio de Vizeu. *Os contratos mercantis à luz do Código Civil*. São Paulo: Malheiros, 2006.

PENTEADO, Luciano de Camargo. "Teoria dos Jogos: por uma propedêutica à elaboração racional da decisão", *In Revista de Direito Mercantil, Industrial, Econômico e Financeiro*, volume 132. São Paulo: Malheiros, jul-set/2003; pp. 160--165.

PENTEADO, Mauro Rodrigues. "Apontamentos sobre a alienação do controle de companhias abertas", *In Revista de Direito Mercantil, Industrial, Econômico e Financeiro*, volume 76. São Paulo: Revista dos Tribunais, out-dez/1989; pp. 15-26.

PEREIRA, Caio Mário da Silva. *Instituições de Direito Civil*, vol. I, 15ª ed.. Rio de Janeiro: Forense, 1994.

PEREIRA, Guilherme Cunha. *Alienação do Poder de Controle Acionário*. São Paulo: Saraiva, 1995.

PEREIRA, S.J., Isidro. *Dicionário Grego--Português e Português-Grego*, 8ª ed.. Braga: Livraria A.I., 1998.

PONTES DE MIRANDA, Francisco Cavalcanti. *Tratado de Direito Privado*. Tomos 1, 2, 3, 4, 23, 25, 26, 38 e 39, 3ª ed.. Rio de Janeiro: Borsoi, 1972.

_____. *Fontes e Evolução do Direito Civil Brasileiro*, 2ª ed.. Rio de Janeiro: Forense, 1981.

_____. "Parecer 201 – Sobre compra-e-venda de ações de banco e responsabilidade contratualmente assumida, em termos explícitos e restritos, pelo vendedor e atos ilícitos de outrem", *In Dez Anos de Pareceres*, vol. 8. Rio de Janeiro: Francisco Alves, 1976.

POSNER, Richard A. *Economic Analysis of Law*, 5ª ed.. Nova Iorque: Aspen, 1998.

5. BIBLIOGRAFIA

Pousada, Estevan Lo Ré. "Alguns conceitos elementares de teoria dos jogos", *In Revista de Direito Mercantil, Industrial, Econômico e Financeiro*, volume 132. São Paulo: Malheiros, jul-set/2003; pp. 166--176.

Pothier, Robert-Joseph. *Pandectes de Justinian* (edição bilíngue com tradução de M. Breárd-Neuville), tomo 5. Paris: Dondey-Dupré, 1821.

Pound, Roscoe. *Introduction to the Philosophy of Law*, 2ª edição, 2ª reimpressão. New Haven: Yale University Press, 1982.

Poveda Velasco, Ignácio Maria. *Proteção do comprador no direito romano*. São Paulo: Cultural Paulista, 2002.

Povoa, Alexandre. *Valuation – como precificar ações*. São Paulo: Globo, 2004.

Pulton, Ferdinando. *De Pace Regis et Regni*. Londres: Companie of Stationers, 1609 (edição fac--similar: Clark – N.J.: Lawbook Exchange, 2007).

Ráo, Vicente. *Ato Jurídico*, 4ª ed.. São Paulo: Revista dos Tribunais, 1997.

Requião, Rubens. "Controle e a proteção dos acionistas", *In Revista de Direito Mercantil, Industrial, Econômico e Financeiro*, volumes 15 e 16. São Paulo: Revista dos Tribunais, 1974; pp. 23-36.

Rodrigues, Silvio. *Dos Vícios do Consentimento*, 3ª ed.. São Paulo: Saraiva, 1989.

Ruwet, Nicolas. *Introdução à Gramática Gerativa* (tradução de Carlos Vogt), 2ª ed.. São Paulo: Perspectiva, 2001.

Salomão Filho, Calixto. *Novo Direito Societário*, 2ª ed.. São Paulo: Malheiros, 2002.

_____. Jurisprudência Comentada: "Liquidação de sentença por cálculo – Matéria de prova – Compra de Controle Acionário em Sociedade dependente de autorização – REsp nº 34.834-PR – STJ – 3ª Turma; j. 14.9.1993; rel. Min. Waldemar Zveiter", *In Revista de Direito Mercantil, Industrial, Econômico e Financeiro*, volume 96. São Paulo: Revista dos Tribunais, jul--set/1994; pp. 91-104.

Santos, Ulderico Pires dos. *Dos defeitos dos atos jurídicos na doutrina e na jurisprudência*. São Paulo: Saraiva, 1981.

Siqueira, Carlos Augusto Junqueira. Transferência do Controle Acionário: interpretação e valor. Niterói: FMF, 2004.

Sztajn, Rachel. *Ensaio sobre a natureza da empresa – organização contemporânea da atividade*. São Paulo: Faculdade de Direito da Universidade de São Paulo, 2001 (Tese de Titular para a Cadeira de Direito Comercial da Universidade de São Paulo – Data da Def: 13.10.2002).

_____. "*Law & Economics*", *In Revista de Direito Mercantil, Industrial, Econômico e Financeiro*, volume 137. São Paulo: Malheiros, jan-mar/2005; p. 227-232.

SZTAJN, Rachel & ZYLBERSZTAJN, Décio. *Direito & Economia: análise econômica do direito e das obrigações*. Rio de Janeiro: Elsevier, 2005.

TAVARES GUERREIRO, José Alexandre. "Alienação de controle de companhia aberta: o papel das instituições financeiras", *In Revista de Direito Mercantil, Industrial, Econômico e Financeiro*, volume 30. São Paulo: Revista dos Tribunais, 1978; pp. 115-121.

TELLES JUNIOR, Goffredo da Silva. *O Direito Quântico*, 6ª ed.. São Paulo: Max Limonad, 1985.

THOMPSON JUNIOR, Samuel C.. *Business Planning for Mergers and Acquisitions*, 2ª ed.. Durham: Carolina Academic Press, 2001.

VERPLANCK, Gulian Crommelin. *An essay on the doctrine of contracts: being an inquiry how contracts are affected in law and morals, by concealment, error, or inadequate price (1825)*. Nova Iorque: G&C Carvill, 1825 (edição fac-similar: Clark – N.J.: Lawbook Exchange, 2006).

WALD, Arnoldo & MORAES, Luiza Rangel de. "Alguns aspectos do controle e da gestão de companhias no projeto de reforma da Lei das Sociedades por Ações" *In Revista de Direito Bancário, do Mercado de Capitais e da Arbitragem*, volume 8. São Paulo: Revista dos Tribunais, abr-jun/2000; pp. 13-30.

WIEDENBAUM, Murray L. & JENSEN, Mark, "*Introduction to the Berle & Means 'Transaction Edition'*" *In* BERLE, Adolf Augustus & MEANS, Gardiner Coit. *The modern corporation and private property*, 4ª reimpressão. New Brunswick: Transaction, 2002.

WILLIAMSON, Stephen. "*Transaction Costs, Inflation, and the Variety of Intermediation Services*", *In Journal of Money, Credit and Banking*, vol. 19. Columbus: Ohio State University Press, Novembro de 1987.

WINDSCHEID, Berhard Joseph Hubert. *Lehrbuch des Pandektenrechts*, Tomos 1 e 2, 5ª ed.. Frankfurt: Rütten & Loenig, 1882.

ZANETTI, Cristiano de Souza. *Responsabilidade pela Ruptura das Negociações*. São Paulo: Juarez de Oliveira, 2005.